Knaur

Andreas Wilhelm
Christian Neureuther
Rosi Mittermaier

Nordic Walking Praxisbuch

Knaur

Andreas Wilhelm
Christian Neureuther
Rosi Mittermaier

Nordic Walking

Praxisbuch

Leichter Einstieg in 7 Schritten mit der Nordic ALFA Technik

Für jeden geeignet – rundum gesund

www.knaur-ratgeber.de

Liebe Leserin, lieber Leser,

nachdem Rosi und ich mit unserem ersten Buch »Nordic Walking« viele Tausend Menschen motiviert haben, in ein bewegtes Leben zu walken, ist es nun an der Zeit, mit einem sehr praxisorientierten Werk einen Weg zum Erlernen und Vertiefen der Nordic-Walking-Technik zu zeigen.

Tipps und Kniffe vom Experten

Mit Andreas Wilhelm haben wir einen Autor gefunden, der seit Jahren zusammen mit dem DNV (Deutscher Nordic Walking und Nordic Inline Verband) Pionierarbeit in Sachen Nordic-Walking-Technik und -Methodik geleistet hat. Er hat auch uns gezeigt, wie attraktiv Nordic Walking bei entsprechend ausgeführter Technik sein kann. Als Sportlehrer und Mitbegründer der modernen Nordic ALFA Technik und der 7-Step-Methode ist Andreas Wilhelm der kompetenteste Nordic-Walking-Experte, den Rosi und ich uns vorstellen können.

In vielen gemeinsamen Veranstaltungen mit Andreas und seinem Team von Willsmountain konnten wir Menschen für dieses einzigartige Bewegungskonzept begeistern. Zusammen mit dem Ausbilderteam des DNV ist in den letzten Jahren über die Grenzen Deutschlands hinaus ein Netzwerk von qualifizierten Instructoren entstanden.

Kursangebote für alle

Der DNV mit seiner Dachorganisation INFO bietet als weltweit größter Fachverband für Nordic Fitness neben professionellen Instructorausbildungen ein flächendeckendes

Netzwerk an Kursangeboten für alle Zielgruppen. Vom Wiedereinsteiger in den Sport über Patienten bis hin zu Leistungssportlern werden hier zielgerichtet Trainingskonzepte und Unterrichtsmethoden vermittelt.
Rosi und ich sind sehr glücklich darüber, in einem derart kompetenten Team mitwirken zu dürfen. Wir wollen diese junge Sportart unterstützen, damit sie ernst genommen wird und sich als ganz normale Freizeitsportart entwickelt und als ganzheitliches Bewegungskonzept den Stellenwert im Gesundheitswesen bekommt, den es verdient. Nordic Walking ist für uns keine Trendsportart. Als sportbegeistertes Paar wollen wir vor allem Menschen, die sich zu wenig bewegen, ermutigen, ihren Körper als einzigartiges Trainingsgerät zu nutzen.

Training für Körper und Seele

Für uns selbst ist Nordic Walking mittlerweile eine lieb gewonnene Freizeitsportart, bei der man während des körperlichen Trainings die Seele mal so richtig baumeln lassen kann. Nordic Walking bedeutet neben der körperlichen auch geistige Frische, ist ein Erlebnis für die Sinne.
Wir wünschen viel Spaß beim Lesen und Lernen auf Ihrem Weg in ein bewegtes Leben.

Liebe Leserin, lieber Leser,

Nordic Walking ist auf dem besten Weg, sich als Freizeitsport zu etablieren. Wurde es noch vor einigen Jahren belächelt, mit Stöcken durch die Gegend zu walken, ist Nordic Walking mittlerweile sogar als Gesundheitssport anerkannt.
Über 80 Prozent der Mitteleuropäer brauchen neben einer Umstellung der Ernährung ganz dringend Bewegung. Wir schonen uns zu Tode. Ich kann nur immer wieder empfehlen: Schließen Sie sich einer Gruppe unter professioneller Anleitung an, lassen Sie sich die Tipps und Kniffe für eine optimale Technik beibringen und bewegen Sie sich jeden Tag! Es muss auch nicht immer mit Stöcken sein.
Und – das Wichtigste: Empfehlen Sie Nordic Walking weiter, so wie Sie es mit Ihrem Lieblingsrestaurant auch tun. Es gibt immer noch zu viele Menschen, die nicht wissen, wie gut regelmäßige Bewegung an der frischen Luft tut, und sehr viele glauben, wegen einer Erkrankung auf Bewegung verzichten zu müssen. Das stimmt in den meisten Fällen nicht. Investieren Sie einen Teil Ihrer kostbaren Zeit in das tollste Trainingsgerät, das es gibt, in Ihren Körper. Starten Sie in ein Leben voller Energie und Bewegung. Dieses praxisorientierte Buch unterstützt Sie dabei. In sieben einfachen Lernschritten sind die Schwerpunkte der Nordic ALFA Technik attraktiv beschrieben und bebildert.
Und jetzt heißt es »An die Stöcke ... fertig ... los«!

Einleitung

Bewegung für mehr Lebensqualität

EINE SPORTART SETZT SICH DURCH

Nordic Walking ist weit mehr als nur Gehen mit Stöcken: ein völlig neuartiges Bewegungsgefühl, ein revolutionäres Wellness-Konzept für ein Leben in Vitalität. Es ist eine ideale Bewegungsform, die den Körper gleichmäßig in Form bringt, die Fitness und Wohlbefinden steigert und die hilft, Verspannungen zu lösen, nicht nur im Körper, sondern auch im Kopf.

Nordic Walking – eine Erfolgsgeschichte

Auch wenn der Mensch schon sehr früh Fortbewegungshilfen nutzte, dient der Geh- und Wanderstock bis heute hauptsächlich als Stütze und Balancehilfe. Für das Vorankommen spielt er eine untergeordnete Rolle. Erst im Skilanglauf konnte sich der Stock zu einem zweckdienlichen Instrument der Fortbewegung entwickeln, das auch für den Antrieb genutzt wird. Mit der Entwicklung der Lauf- und Materialtechnik kam so dem Stock eine immer größere Bedeutung zu. Bewegungsabläufe wurden harmonischer, die Koordination der Bewegungen eleganter und die Trainingseffekte auf den ganzen Körper effektiver.

Um nicht aus dem Tritt zu kommen, versuchten Spitzenathleten schon in den 1930er Jahren, den diagonalen Langlaufstil »auf dem Trockenen« zu simulieren. Die Sommertrainingsmethode »Skigang« kann sicher als frühe Form des Nordic Walking angesehen werden. Auch das in amerikanischen Studien der frühen 1990er Jahre erwähnte »Pole Walking« (Gehen mit Skistock) geht in die gleiche Richtung.

Vom Skigang zum Nordic Walking

Das Geburtsjahr des Nordic Walking nach modernem Verständnis mit speziell dafür entwickelten Stöcken und eigener Lauftechnik ist das Jahr 1996. Zwei finnische Studenten führten im Rahmen einer Diplomarbeit Untersuchungen zum Thema »Sauvakävely« (Stockgehen) durch, feilten dabei an der Dia-

gonaltechnik und erfanden so eine neue Trainingsform. Die Erkenntnisse aus ihrer Studie stellten die beiden der Sportartikelindustrie vor und infizierten so ihr ganzes Heimatland. Sieben Jahre später betrieb schon jeder siebte Finne »Sauvakävely«. Im internationalen Sprachgebrauch bürgerte sich schnell der Begriff »Nordic Walking« ein. Seit dem Jahr 2000 geht dieses revolutionäre Bewegungskonzept um die ganze Welt.
Wegweisend für die Umsetzung als gesundheitsorientiertes Ganzkörperkonzept ist Deutschland mit seinem flächendeckenden Netz an Nordic-Fitness-Angeboten. Die Nordic ALFA Technik und eine attraktive Lernmethode für Nordic Walking wurden in Deutschland entwickelt und gehen mitlerweile um die ganze Welt. Der Deutsche Nordic Walking und Nordic Inline Verband e.V. (DNV) mit seinem Dachverband INFO setzt bei der Weiterentwicklung von Technik und Methodik Standards im internationalen Maßstab.

Die natürlichste Fortbewegungsart

Kein Tag vergeht, an dem sich Menschen nicht auf ihre Füße stellen und gehen. Ohne zu überlegen, funktioniert dieses Bewegungsmuster, von frühester Kindheit bis ins hohe Alter. Gehen ist die einfachste, grundlegendste und natürlichste Fortbewegungsart des Menschen.
Sechs Kilometer, sagen Wissenschaftler, sollte der Mensch am Tag zu Fuß zurücklegen, um den Organismus in Gang zu halten. 42 Kilometer in der Woche, die dem Körper gut tun, die Gesundheit fördern, das Wohlbefinden erhöhen. Bei acht Stunden Schlaf und 16 Stunden Wachphase sind das im Schnitt 375 Meter in der Stunde. 500 bis 600 Schritte, alle sechs Sekunden einer – nicht viel! Tatsache ist jedoch, dass sich viele Menschen weitaus weniger bewegen. »Das steht sich kaputt« – sagt man über wenig bewegte Autos ...
Dabei ist der menschliche Körper für Bewegung ausgelegt. Bewegung tut gut. Sei es das Herumtollen bei Kindern, Radfahren, Fußballspielen oder Joggen bei Erwachsenen oder der tägliche Spaziergang bei älteren Menschen. Wichtig ist in erster Linie, dass sich der Mensch bewegt, erst in zweiter Linie, wie er das tut.

Für Sportler und Bürohengste

In einer technisierten Welt ist Bewegungsarmut ins Berufs- und Alltagsleben eingekehrt. Den Ausgleich schafft Bewegung in der Freizeit. Viele Menschen nutzen diese sinnvoll, um den Bewegungsmangel auszugleichen. Vereine, öffentliche Sportstätten oder Fitnessstudios bieten umfassende Möglichkeiten, sich zu bewegen, gemeinsam oder alleine.
Jedoch: Sport, wie er in Werbung und Medien dargestellt wird, polarisiert zwischen den Menschen, die dazugehören oder sich zugehörig fühlen wollen, und denen, die sich von den Werbebotschaften nicht angesprochen fühlen. Dabei würde vielen, die dem Wettlauf ums Image längst entsagt haben und sich »in ihrer Haut pudelwohl fühlen«, etwas mehr Bewegung gut tun. Jeder kann sich Ziele stecken, die für ihn leicht erreichbar sind. Wohlbefinden oder geistige Frische könnten diese Ziele heißen – auch kleine Erfolge erhöhen das Selbstbewusstsein.

Nordic Walking ist in erster Linie Gehen. Der große Vorteil: Wirklich jeder kann es, denn wer gehen kann, der »kann« auch Nordic Walking. Es ist nichts Außergewöhnliches – mit ein wenig Geduld und der entsprechenden Anleitung in einem Kurs wird es jedem gelingen. Die richtige Arm- und Stockarbeit, die dann zu einem eleganten und vor allem effektiven Laufstil führt, ist in nur sieben Schritten zu erlernen. Schon bei geringer Belastung ist ein effektives Ganzkörpertraining möglich.

Das Gleiche gilt aber auch für aktive Sportler. Denn die intensive Nutzung dieses Bewegungskonzepts ist nicht ausgeschlossen. Nordic Walking trainiert Kraft, Ausdauer, Beweglichkeit und Koordination, und das auf jedem Niveau. Wer schon über eine gute Kondition verfügt, geht mit den Stöcken in die Berge, nutzt steile Anstiege, baut Sprünge, Dehn- und Kräftigungsübungen in sein Trainingsprogramm ein. Nach oben sind keine Grenzen gesetzt. Aber auch der regenerative Aspekt spielt bei Sportlern eine wichtige Rolle.

Nordic Walking ist eine Bereicherung für Skilangläufer, denn es nutzt die der klassischen Diagonaltechnik verwandten Bewegungen und aktiviert sogar zusätzliche Muskelgruppen. Sind die Loipen in schlechtem Zustand oder gar nicht vorhanden, »geht« Nordic Walking immer noch. Auch Inlineskater können durch den Einsatz von speziellen Stöcken an diesem effektiven Fitnesskonzept teilhaben. »Nordic Inline Skating« eignet sich übrigens auch hervorragend für den Einsteiger auf acht Rollen. Denn die Stöcke vermitteln gerade am Anfang mehr Sicherheit und somit einen schnelleren Lernerfolg.

Nordic Walking ist der perfekte Ausgleich für »Bürohengste«, denn die sanfte natürliche Rotation der Schulter- gegen die Beckenachse hält die Bandscheiben in Schwung. Eine gleichzeitige Kräftigung der Rückenmuskulatur ist ein weiterer positiver Effekt. Nordic Walking entspannt Körper und Geist, baut Stress ab. Und das »geht« überall, zu jeder Tages- und Jahreszeit.

Am schönsten in der Gruppe

Nordic Walking ist sehr kommunikativ, denn Unterhaltung ist erstens leicht möglich und zweitens sogar erwünscht. Nordic Walking ist in der Gruppe am schönsten. Gemeinsam etwas unternehmen, frische Luft tanken, dabei reden, über Privates, Banales, Wichtiges oder Geschäftliches. Bewegung hilft den Gehirnzellen auf die Sprünge, der kreative Nährboden für Ideen, Pläne und Lösungen. Bewegung schafft die Balance zwischen Körper und Geist.

Kapitel 1

Nordic-Walking-Ausrüstung

DIE SIEBEN WICHTIGSTEN SACHEN

»Willst du Nordic Walking machen, musst du haben sieben Sachen«, mit dieser Vorgabe steht der perfekten Rundumausstattung für den Nordic Walker nichts mehr im Weg. Doch stimmt dieser Slogan nur bedingt, denn zum Anfang genügen erst einmal die Stöcke und ein Paar Schuhe, in denen es sich bequem laufen lässt. Wer jedoch Nordic Walking häufiger betreibt, sollte über die Anschaffung einer kompletten Ausstattung nachdenken.

Stöcke

Natürlich braucht's für Nordic Walking die Stöcke. Wichtig ist nur, dass es auch die richtigen sind. Skistöcke und Wanderstöcke sind tabu. Langlaufstöcke verfügen zwar über einen für Nordic Walking funktionellen Griff, sind aber entschieden zu lang. Kurz und gut: Für Nordic Walking braucht's Nordic-Walking-Stöcke in der richtigen Länge: maximal zwei Drittel der Körpergröße.

Richtig Maß nehmen

Die für Sie optimale Stocklänge finden Sie heraus, indem Sie den Stock ohne Asphaltpad vor sich stellen. Der seitliche Schlaufenausgang am Griff sollte sich bei aufrechter Haltung auf Bauchnabelhöhe befinden. Damit werden Sie auch Unterschiede in Arm- und Beinlängen gerecht. In Kapitel 2 wird eingehend erklärt, warum die Stocklänge entscheidend für eine funktionelle Technik ist.

Stützen, führen und dämpfen

Drei Funktionen sind es, die ein Nordic-Walking-Stock erfüllen muss: stützen, führen und dämpfen. Sie müssen sich auf ihn stützen können, damit die Entlastungseffekte spürbar werden, und er darf sich beim Druck auf die Schlaufe während der Schubphase nicht allzu sehr durchbiegen. Sein Einsatz führt die Bewegung, aber Sie kontrollieren sie in jeder Phase. Und nicht zuletzt muss der Stock die auftretenden Erschütterungen dämpfen, damit sich keine Vibrationen auf Ihre Gelenke übertragen.

Ein guter Nordic-Walking-Stock sollte leicht sein, und er sollte mit einer speziellen Spitze mit aufsteckbaren Asphaltpads ausgestattet sein, um auf jedem Untergrund den nötigen Halt zu geben.

Wenn Ihnen ein einteiliger und ein Teleskopstock zur Auswahl angeboten werden, nehmen Sie den Einteiler. Der ist leichter, verfügt über ein besseres Pendelverhalten und ist weniger geräuschintensiv. Aus den gleichen Gründen sind Karbon-/Glasfaserstöcke empfehlenswerter als Aluminiumstöcke.

Zu den Schlaufen hilft ein allgemeiner Tipp nicht weiter, da sehr verschiedene Systeme auf dem Markt sind und jede Hand unterschiedlich ist. Sie sollten eine optimale Führung gewährleisten und auf jede Handgröße einstellbar sein, denn sie müssen für eine optimale Kraftübertragung sorgen.

Trinksysteme

Zum komfortablen Transport von Flüssigkeit bieten sich zwei elegante Lösungen an. Praktische Trinkgurte werden einfach um die Hüfte geschnallt und stören die Bewegung nicht. Sie dienen als Flaschentragegurte und

Spezielle Stahlspitze mit abnehmbarem Asphaltpad für besten Halt in jeder Situation.

Nordic-Walking-Stock aus hochwertigem Karbon (Hersteller: Gabel) mit Korkgriff und Schlaufensystem mit Daumenführung.

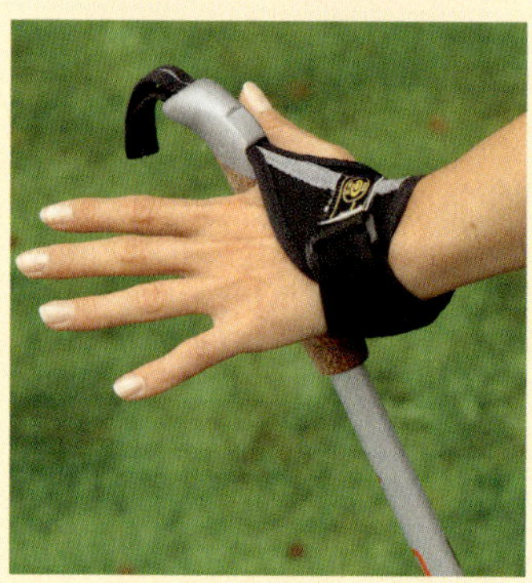

Schlaufeneinstellung auf die jeweilige Handgröße einstellbar. Die Schlaufe sollte weder zu locker noch zu fest sitzen.

bieten einen schnellen Zugriff zum Getränk. Zum Trinken muss lediglich kurz angehalten werden. Eine weitere Lösung sind Trinksysteme, die über einen Trinkschlauch die Flüssigkeitsaufnahme ermöglichen (CamelBak). Ohne anzuhalten ist mit diesem System eine unkomplizierte Versorgung mit Flüssigkeit gegeben.

Rucksack mit Trinkschlauch

Für Tagestouren gibt es entsprechende Rucksäcke (New Balance) mit Trinkschlauch und Stauraum für Gepäck.
Bei längeren Trainingseinheiten ist es sinnvoll, alle 20 Minuten circa 0,2 Liter zu trinken. Ab einer Trainingsdauer von einer halben Stunde wird die Aufnahme von Flüssigkeit gerade bei Sporteinsteigern zur Pflicht. Bis zu 90 Minuten genügt die Aufnahme von Wasser in der entsprechenden Menge. Bei längeren Touren kommt es darauf an, den Körper auch mit Mineralien zu versorgen. Isotonische Getränke oder die bewährte Apfelschorle sind hier willkommene Durstlöscher. Wer mehr über Zellenergie und Stoffwechsel erfahren möchte, findet weitere Informationen unter www.nordic-fitline.de.

Schuhe

Eines muss klar sein: Vor der Entscheidung für neue Schuhe steht die Entscheidung für Nordic Walking. Das gilt als Grundregel. Die Bewegung geht vor, der Wille, etwas für seinen Körper zu tun, kommt vor der Topausrüstung.

Zeit nehmen für den Schuhkauf

Eitelkeit hin oder her: Für den Einstieg in ein Leben mit mehr Bewegung genügen zunächst ein paar gebrauchte Schuhe, die bequemes

Laufen ermöglichen. Und die hat in der Regel jeder daheim. Erst wenn Nordic Walking anfängt, richtig Spaß zu machen, und der Wunsch besteht, es regelmäßig und aktiv zu betreiben, muss auch ein neuer Schuh her. Dann heißt es aber bei der Suche nach dem passenden Modell: Zeit mitbringen!

Grundsätzlich sollte ein guter Nordic-Walking-Schuh das physiologische Abrollen des Fußes über die ganze Sohle gewährleisten (wie in Kapitel 2 beschrieben). Der Fachhandel hält spezielle Nordic-Walking-Modelle (New Balance) bereit.

TIPP VON ANDREAS WILHELM

Eine intensive Beratung in einem Fachgeschäft ist beim Schuhkauf Pflicht. Die Chance, den »Richtigen« zu finden, steigt mit der Auswahl an Modellen, der Fachberatung und der Zeit, die für den Schuhkauf zur Verfügung steht. Gesunde Füße behält jedoch langfristig nur der, der vielseitig und abwechslungsreich seine Füße in Form hält.

Beratung in Anspruch nehmen

Da viele Menschen unter Fußproblemen leiden oder mit Fehlstellungen zu kämpfen haben, ist optimale Beratung wichtig. Denn nur Schuhe, die exakt zu dem jeweiligen Fuß passen, können ihre Funktion erfüllen: Sie müssen nämlich, genau wie die Stöcke, stützen, führen und dämpfen. Stützen, um die Stabilität auf jedem Untergrund zu verbessern, und führen, um ein kontrolliertes Abrollen zu ermöglichen. Dämpfen muss der Schuh, um die Gelenkbelastungen gerade auf hartem Untergrund zu vermindern.

Funktionelle Bekleidung

Die Bekleidung sollte in erster Linie bequem sein. Bequemlichkeit bedeutet dabei uneingeschränkte Bewegungsfreiheit. Raumgreifende Schritte und Armbewegungen müssen möglich, alle Mobilisierungs-, Stretching- und Kräftigungsübungen problemlos durchführbar sein.

Kleidung für jede Witterung

Sportbekleidung sollte ein angenehmes und leichtes Tragegefühl vermitteln. Mikrofasern erfüllen heutzutage diese Anforderung. Je nach Witterung empfiehlt sich eine Bekleidung, die vor Wind, Wasser und vor Hitze und Kälte schützt, und zwar so, dass die natürliche Thermoregulation des Körpers möglichst wenig beeinflusst wird. Funktionelle Kopfbedeckungen schützen sowohl vor Sonne als auch vor Kälte. Das ist wichtig, denn bis zu 70 Prozent der Körperwärme gehen über den Kopf verloren.

Das Zwiebel- oder Schichtenprinzip ist die optimale Weise, sich jeder Witterung anzupassen: Grundsätzlich sollte Bekleidung immer von innen nach außen funktionieren. Angefangen von Funktionsunterwäsche bis zu den entsprechenden Außenmaterialien, die der Temperatur und Witterung anzupassen sind. Übrigens: Es gibt keine Bekleidung, in der man nicht schwitzt, sehr wohl aber solche, in der man sich trotz des Schwitzens noch wohl fühlt.

Herzfrequenzmesser

Wer effektiv trainieren will, muss wissen, wie sein Herz schlägt. Denn beispielsweise die Fettverbrennung funktioniert in gewünschtem Maße nur in einem bestimmten, individuell unterschiedlichen Herzfrequenzbereich. Hier ist ein Herzfrequenzmesser unerlässlich.

Die wichtigsten Funktionen

Schon ein Basisgerät mit den wichtigsten Funktionen genügt für eine sinnvolle Trainingskontrolle. Die aktuelle Zahl der Herzschläge pro Minute sollte abzulesen sein. Weitere Funktionen, wie die Eingabe der persönlichen Daten zur Bestimmung der individuellen Trainingszonen, Speicher für langfristige Trainingskontrolle und Kalorienzähler, sind beliebte und nützliche Zusatzfunktionen. Aufwändiger muss die Messuhr nicht sein.

In der Praxis wird oft mit zu hohen Herzfrequenzen trainiert. Beim Nordic Walking bestimmt nicht das Tempo, sondern die Intensität der Schubbewegung die Herzfrequenz. Da ist es hilfreich, sein Herz-Kreislauf-System besser kennen zu lernen und herauszufinden, wo der optimale Trainingsbereich liegt.

Mehr als nur messen

Die Trainingssteuerung über eine Herzfrequenzuhr bietet sich gerade beim Ausdauertraining an. Das Messen allein stellt noch keine wirkliche Trainingshilfe dar. Wer aber die verschiedenen Möglichkeiten eines Herzfrequenzmessers ausschöpft, die Trainingsbelastung richtig wählt und die persönlichen Herzfrequenzzonen ermittelt, wird seine Trainingsziele verwirklichen können.

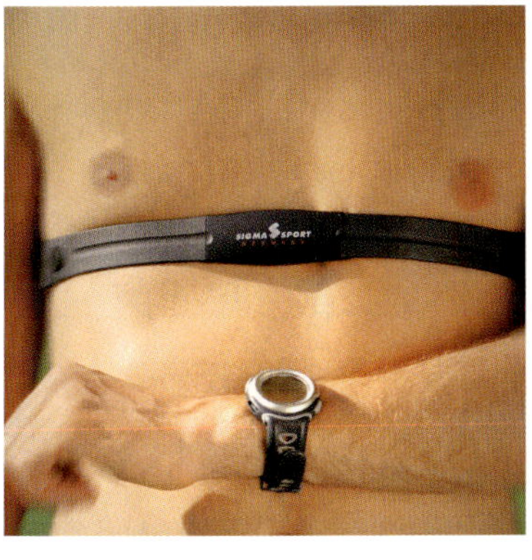

Übertragung (Brustgurt) der Herzfrequenz zum Empfänger (Herzfrequenzmesser am Handgelenk).
Eine Alternative bietet der Herzfrequenzmesser am Stock (Sigma). Die Daten sind ohne lästige Unterbrechung der Nordic-Walking-Bewegung sehr gut vom Stock abzulesen.

Es gibt verschiedene Modelle für die Herzfrequenzzonen. Spitzenathleten differenzieren den Belastungsbereich in bis zu sechs Zonen, denen jeweils Trainingsmethoden zugeordnet sind. Im Nordic Walking ist ein bewährtes, zuverlässiges Modell mit vier Zonen im niedrigen Pulsbereich völlig ausreichend. Die Steuergrößen der Belastung (Umfang, Häufigkeit, Dauer, Frequenz und Intensität) sind auf die Ziele und den momentanen Trainingszustand abzustimmen. Wer seine Leistung im Wettkampf verbessern will, muss anders trainieren als jemand, dessen Ziel das Abnehmen ist. Nutzen Sie die Kursangebote von Instructoren für ein herzfrequenzgesteuertes Nordic Walking.

Herzfrequenzzonen und Trainingsintensität

Zone	% der max. HF	Trainingseffekt
Zone 1 Einsteigerzone	50–60 %	Ökonomisierung der Herzarbeit, Gesundheitsentwicklung
Zone 2 Fettverbrennungszone	60–70 %	Fettanteil an Energiegewinnung hoch, Gewichtsreduktion
Zone 3 Aerobe Zone	70–80 %	Verbesserung Herz-Kreislauf-System, Steigerung der Ausdauerleistung
Zone 4 Schwellenzone	80–90 %	Anteile von Kohlenhydraten hoch, anaerobe Energiegewinnung
Zone 5 Rote Zone	90–99 %	zu vernachlässigen

HF max 100 %	Zone 1 50–60 %	Zone 2 60–70 %	Zone 3 70–80 %	Zone 4 80–90 %
200	100–120	120–140	140–160	160–180
195	98–117	117–137	137–156	156–175
190	95–114	114–133	133–152	152–171
185	93–111	111–130	130–148	148–165
180	90–108	108–126	126–144	144–162
175	88–105	105–123	123–140	140–157
170	85–102	102–119	119–136	136–153
165	83– 99	99–116	116–132	132–148
160	80– 96	96–112	112–128	128–144

Angaben in Schläge/min.; HF = Herzfrequenz

Handschuhe

Wer Nordic Walking regelmäßig betreibt, wird auf Dauer an einem Handschuh nicht vorbei kommen. Handschuhe verhindern Reibung und Blasenbildung.

Ein Stockgefühl ermöglichen

Empfehlenswert sind spezielle Nordic-Walking-Handschuhe, die es in Sommer- und Wintervarianten gibt. Sie sind an den üblichen Reibungspunkten verstärkt. Wer Langlaufhandschuhe hat, kann diese natürlich im Winter genauso gut verwenden. Radelhandschuhe sind hingegen nur bedingt zu empfehlen, da sie zu viel Polsterung in der Handinnenfläche aufweisen. Dadurch geht der direkte Kontakt zum Griff verloren. Grundsätzlich gilt: Die Handschuhe sollen eng anliegen und ein Stockgefühl zulassen.

Stirnlampe

Mit der Stirnlampe kommt die Erleuchtung: Nordic Walking geht mit ihrer Hilfe immer und überall.

Sehen und gesehen werden

Besonders in den Wintermonaten ist eine solche Lampe sehr zu empfehlen. Nicht nur sehen, sondern auch gesehen werden ist hier das Motto für Sicherheit und entspanntes Training. Zu Tageszeiten, bei denen im Sommer die Sonne noch vom Himmel lacht, ist es im Winter schon dunkel. Dann fällt die Entscheidung allzu oft zugunsten von Couch und Fernbedienung.
Allein im Dunkeln, das schreckt viele ab. Die Gruppe gibt ein Gefühl von Sicherheit. Wer sich einem Nordic-Walking-Treff anschließt, traut sich zu jeder Tageszeit raus.

Links oben: Winterhandschuhe
Links unten: Sommerhandschuhe (Roeckl)

Stirnlampe (Sporteye) mit Rücklicht für mehr Sicherheit. Nicht nur sehen, sondern auch gesehen werden ist hier das Motto.

Kapitel 2

Die Nordic ALFA Technik

IN SIEBEN SCHRITTEN ZUM ERFOLG

Nordic Walking nutzt bei aufrechter Körperhaltung und langen, raumgreifenden Armbewegungen die Stöcke in einem solchen Winkel, dass Abstützen und Anschieben gleichermaßen möglich ist. Die Schrittlänge ist jeweils dem Schubweg der Arme und der Bewegungsfreiheit der Wirbelsäule angepasst.

Häufige Fehler

Bei den meisten Nordic Walkern bleibt es beim Gehen mit Stöcken, das heißt, wenn die Beine nichts tun, dann geht's auch keinen Millimeter vorwärts. Die Stöcke dienen bestenfalls als Stütze. Die viel belächelten Bilder von Nordic Walkern entstehen durch den Gebrauch zu langer Stöcke und deren Einsatz mit angewinkelten Armen. Zudem kommt es noch zu Problemen mit dem richtigen Timing des Stockeinsatzes. So entsteht das Klappern, mit dem die falsch Trainierenden den Anwohnern auf die Nerven fallen.

Kompetente Anleitung

Das muss nicht sein. Hunderttausende zufriedener Kursteilnehmer in Deutschland und ganz Europa, die sich für einen Technik-Einführungskurs entschieden haben, bestätigen, wie wichtig es ist, Nordic Walking unter Anleitung zu erlernen. Ein Kurs, in dem die richtige Technik vermittelt wird, macht Spaß und regt auch zu regelmäßigem Training in der Gruppe an. Kein Wunder, dass viele Nordic Walker jahrein, jahraus inzwischen regelmäßig einmal die Woche unter kompetenter Anleitung trainieren. Daneben haben sie meist noch selbst organisierte Trainingseinheiten mit Nachbarn und Freunden.
Aus den Erfahrungen vieler Kurseinheiten und Ausbildungen sind schließlich auch die Nordic ALFA Technik und die 7-Step-Methode entstanden. Unterstützung in der wissenschaftlichen Absicherung der Nordic ALFA Technik lieferte die Universität Mainz mit biomechanischen Studien zum Nordic Walking.

NORDIC ALFA TECHNIK

Diese Technik beschreibt grundlegende Bewegungsmerkmale, nachfolgend »ALFA« genannt, die die Voraussetzungen für eine funktionelle und attraktive Nordic-Walking-Technik sind. Sind diese Voraussetzungen erfüllt, steht der Entwicklung zum optimalen Nordic Walking nichts mehr im Weg.

A AUFRECHTE KÖRPERHALTUNG

Ziel ist die natürliche Aufrichtung der Wirbelsäule für ein rückenfreundliches natürliches Gehen. Diese Art der Fortbewegung sollte uns auch im Alltag ohne Stöcke ein besonderes Anliegen sein. Beim Nordic Walking ist sie die Schlüsselstelle der gesamten Bewegung. Sie ist die Voraussetzung für einen optimalen Stockeinsatz.

L LANGER ARM

Erfolgen sowohl die Schwung- als auch die Schubphase beim Nordic Walking mit langem Arm, ergeben sich dadurch nicht nur gesundheitliche Vorteile, sondern auch eine effektivere Technik mit mehr Muskeleinsatz. Der lange Arm unterstützt außerdem die funktionelle Rotation der Schulterachse gegen die Beckenachse.

F FLACHER STOCK

Zur effektiven Nutzung muss der Stock bei langem Arm einen bestimmten Winkel zum Boden (ca. 55° bis 65°) einnehmen. »Flach« meint den Gegensatz zu einem zu steilen, fast senkrecht (ca. 90°) eingesetzten Stock. In der Übergangsphase der Bewegung haben hinteres Bein, vorderer und hinter Stock den gleichen Winkel.

A ANGEPASSTE SCHRITTLÄNGE

Man macht nicht »große« oder »kleine«, sondern angepasste Schritte – angepasst an den Umfang der Schubbewegung, abhängig von Geländeformen und individuellem Bewegungsausmaß. So ergeben sich bei voller Schubkraft der Arme beispielsweise bergauf und bergab andere Schrittlängen als in der Ebene.

ERWEITERTE BEWEGUNGSMERKMALE DER NORDIC ALFA TECHNIK
Step 1: KENNEN LERNEN
richtige Stocklänge maximal 2/3 der Körpergröße
Step 2: ERSTE ERFAHRUNGEN – LOSLASSEN
Öffnen der Hand während der Schubphase und Innenrotation vom Arm (»Armspirale«)
Step 3: GREIFEN UND LOSLASSEN
in der Schwungphase mit langem Arm und flachem Stock; Stockspitze unter dem Körperschwerpunkt
Step 4: AUFRICHTEN
Aufrechte Körperposition: Bein, Becken, Wirbelsäule: Aufrichtung von Fuß bis Kopf
Step 5: BEWEGUNGSSPIELRÄUME
Schulterachse gegen Beckenachse: »Rumpfspirale« für mehr Bewegungsumfang; funktionaler Drehpunkt in Bauchnabelhöhe
Step 6: AKTIVE FUSSARBEIT
Abrollen des ganzen Fußes stabilisiert das Knie (»Fußspirale«); angepasste Schrittlänge
Step 7: NORDIC ALFA TECHNIK FESTIGUNG UND VARIATIONEN

Die 7-Step-Methode

Die Sieben ist eine magische Zahl. Aber die Tatsache, dass sich Nordic Walking in sieben Schritten erlernen lässt, hat nichts mit Magie zu tun, sondern ergibt sich aus der Praxis. Die sieben Schritte des Trainingskonzepts, das die fachliche Basis dieses Buches bildet, ergeben sich aus trainingsmethodischen Überlegungen. Außerdem flossen Erfahrungswerte, die in vielen Trainingseinheiten und Instructorausbildungen gesammelt wurden, in das Konzept mit ein.

Die Lernziele

Jeder Lernschritt lenkt die Aufmerksamkeit auf ein bestimmtes Ziel: Die ersten beiden schaffen Voraussetzungen, die Lernschritte 3 bis 6 konzentrieren sich auf einzelne Elemente der Grundtechnik, während der siebte und letzte Lernschritt das Zusammenfügen der erlernten Einzelelemente zu einem runden und harmonischen Gesamtbild bezweckt.

Die sieben Schritte

- **Step 1** »Kennen lernen« ist das Rendezvous mit Nordic Walking. Ziel des Einstiegs ist die richtige Materialabstimmung und die Unterscheidung von Nordic Walking und anderen Fortbewegungsmöglichkeiten mit Stöcken. Es geht auch um ein Sich-bekannt-Machen in der Gruppe und um Verhaltensregeln beim Nordic Walking.
- In **Step 2** geht es um die ersten Erfahrungen mit der Nordic ALFA Technik. Durch das Loslassen der Stöcke und das Gehen mit geöffneten Händen werden die Grundlagen für den langen Arm und den flachen Stock gelegt.
- Bei **Step 3** liegt das Augenmerk auf dem rhythmischen Wechsel zwischen Greifen und Loslassen. Ziel dieser aktiven Armarbeit sind der kontrollierte Stockeinsatz und raumgreifende Bewegungen mit langem Arm.
- »Kopf hoch« heißt es in **Step 4**. Hier wird eine aufrechte Haltung von Fuß bis Kopf angestrebt. Dem Aufrichten als einem der Schlüsselelemente beim Nordic Walking wird hier besondere Aufmerksamkeit gewidmet.
- **Step 5** nutzt die Bewegungsspielräume der Wirbelsäule. Die sanfte Rotation der Schulter- gegen die Beckenachse steht im Mittelpunkt. Sie ist Balsam für die Bandscheiben und Mobilisation pur.
- Ziel von **Step 6** ist die aktive Fußarbeit zur Verbesserung des Gangbildes. Das natürliche Abrollverhalten des Fußes und die aktive Beinarbeit werden hier geschult und trainiert.
- In **Step 7**, »Variationen«, werden schließlich alle Einzelelemente harmonisch verknüpft. Das Ergebnis ist die Nordic ALFA Technik als ganzheitliches Bewegungskonzept. Verschiedene Technikvarianten sowie die Veränderung von Tempo und Gelände dienen hierbei der Vertiefung.

Diese 7 Steps und die Nordic ALFA Technik sind im folgenden Kapitel eingehend beschrieben und die wichtigsten Technikkriterien und Aufgabenstellungen zum Erlernen und Verbessern mit Hilfe von Bildern erklärt. Viel Spaß beim Lesen, Anschauen und Ausprobieren!

Step 1

KENNEN LERNEN

Nordic Walking ist in der Gruppe am Schönsten. Es bietet die Möglichkeit, neue Menschen kennen zu lernen, sei es im organisierten Kurs mit einem Instructor oder in der Trainingsgruppe mit Freunden, Bekannten, Kollegen, die wiederum neue Leute mitbringen. Positiver Effekt der Geselligkeit: Beim Kennenlernen neuer Menschen lernt man die Handhabung des Materials wie von selbst.

Sich vertraut machen

Rendezvous mit Nordic Walking: Im ersten Lernschritt heißt es, sich vertraut zu machen mit dem Material, der Umgebung, neuen Gesichtern in der Trainingsgruppe und natürlich dem Instructor. Wie schon erwähnt: Nordic Walking ist vor allem auch kommunikativ. Die Unterhaltung macht die Trainingseinheiten kurzweilig. Ganz nebenbei lernt man die Natur von ihren schönsten Seiten kennen.

Zunächst jedoch, bevor es in die Schlaufen geht und die ersten Schritte unternommen werden, kommt es auf die Wahl des richtigen Stockes in – besonders wichtig – der passenden Länge an. Sie ist das entscheidende Kriterium in der Materialfrage. Erfahrungswerte zeigen, dass eine – maximale – Stocklänge von ca. zwei Dritteln der Körpergröße sinnvoll ist. Um zusätzlich Bein- und Armlängen zu berücksichtigen, hat sich mittlerweile als festes Maß für die optimale Stocklänge die Empfehlung Schlaufenausgang = Bauchnabelhöhe durchgesetzt. Nur wenn die Stocklänge stimmt, kommt es zu einer harmonischen flüssigen Bewegung.

TIPP VON ROSI MITTERMAIER

Vor der Investition in einen Stock empfiehlt sich auf alle Fälle das Ausprobieren, am besten in einem Einsteigerkurs. Der Instructor hilft dann auch bei der richtigen Einstellung der Schlaufen. Gerade weil es hier verschiedene Systeme gibt, die auf sehr unterschiedliche Weise zu fixieren sind, lohnt sich das Einholen fachlichen Rates. Die richtige Stocklänge ist maßgeblich am Lernerfolg beim Nordic Walking beteiligt. Auch Sicherheitstipps und Verhaltensregeln in der Gruppe werden im Kurs angesprochen.

FEHLER UND FOLGEN

Zu langer Stock – Folge: Effektiver Bewegungsablauf wird gestört, nur Stützfunktion durch zu steil eingesetzten Stock. Schlaufenausgang über Bauchnabelhöhe.

Schlaufeneinstellung zu weit – Folge: Stock verliert den Kontakt zur Hand, mangelnde Kontrolle. Häufig wird der Arm angewinkelt; die Schulter wird angehoben und kommt aus ihrer Zentrierung.

Zu schlaff oder zu straff eingestellte Schlaufen vermiesen den Nordic-Walking-Genuss.

Auch eine zu eng eingestellte Schlaufe hat ihre Folgen: Eingeschränkte Bewegungsfreiheit und Abbruch in der Schubphase nach hinten.

Sitzriesen und Langbeine

Die Stocklänge beträgt maximal zwei Drittel der Körpergröße. Seitlicher Schlaufenausgang in Bauchnabelhöhe hat sich in der Praxis durchgesetzt und berücksichtigt neben den Formeln auch individuelle Abweichungen wie den Sitzriesen und das Langbein. Gemessen wird ohne Asphaltpad und mit Nordic-Walking-Schuhwerk. Stöcke nach Formeln wie »Körpergröße x 0,7« sind auch für Sportler definitiv zu lang. Des Weiteren stellen unterschiedliche Hersteller die Stöcke in der Regel in unterschiedlicher Länge her. Also bitte individuell messen und beraten lassen.

Spielform

»Die Reporter«: Kennenlernspiel, bei dem die Teilnehmer paarweise oder auch in kleineren Gruppen loslaufen und einander im Gespräch unterwegs kennen lernen. Eine interessante Variante: Wiederholter Stocktausch während des Kennenlernens hilft bei der Gewöhnung an die richtige Schlaufeneinstellung.
Denn das Gehen mal mit einem zu kurzen, mal mit einem zu langen Stock hilft beim Erspüren der individuell als angenehm empfundenen Stocklänge. Am besten einfach mal ausprobieren!

DER WEG ZUM ERFOLG

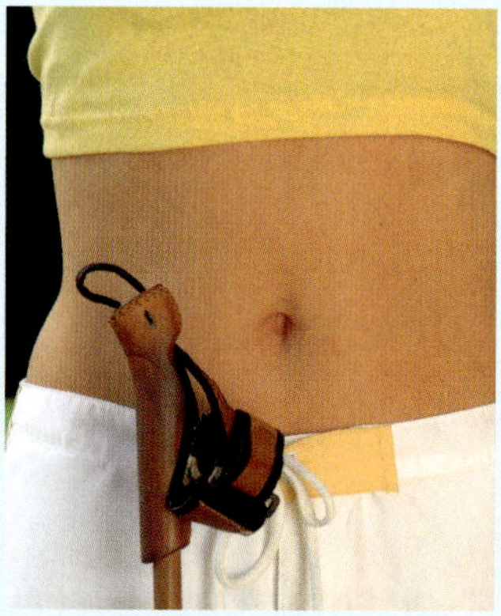

Das Maß Schlaufenausgang = Bauchnabelhöhe findet sich auch während der Bewegung wieder, da der funktionelle Drehpunkt Schulterachse gegen Beckenachse sich auf Bauchnabelhöhe befindet.

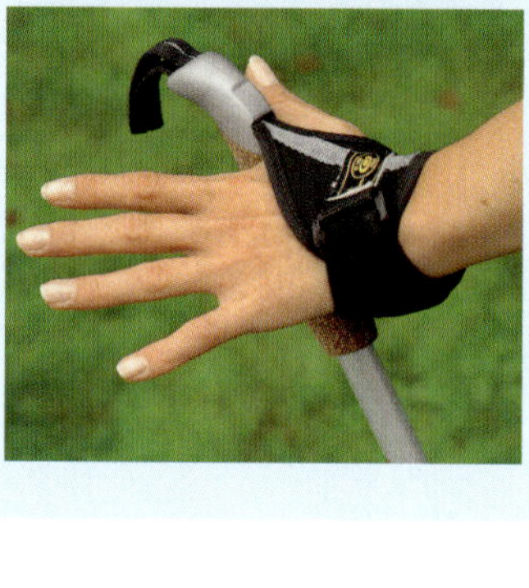

Die Schlaufen sitzen gerade so fest, dass eine optimale Kraftübertragung auf den Stock beim Öffnen der Hand in der Schubphase nach hinten möglich ist.

Step 2

ERSTE ERFAHRUNGEN – LOSLASSEN LERNEN

Beim Nordic Walking heißt Losgehen auch Loslassen. Loslassen von Problemen, die einen belasten, weg vom Alltagsstress. Die Bereitschaft loszulassen spiegelt sich in der Nordic-Walking-Grundtechnik wider. Denn in der Schubphase verlassen die Finger den Griff, geben den Stock frei. Bei diesem Lernschritt geht es um die ersten Erfahrungen mit dem langen Arm und dem flachen Stock. Nordic Walking wird angebahnt.

Offene Hand statt geballter Faust

Das Öffnen der Hand bis hin zu gespreizten Fingern ist ein simpler Entspannungstrick. Eine geballte Faust oder ein fester Griff zwingt viele Muskeln des Körpers zur Anspannung oder sogar von Anfang an zu ungewollten Verspannungen. Um Nordic Walking in den Griff zu bekommen, muss auch das Loslassen geschult werden.

Das Abspreizen der Finger und ein leichtes Aktivieren der Handhebemuskulatur haben zudem stabilisierende Wirkung auf das Ellbogengelenk. Wobei wir schon hier beim Sensibilisieren des »langen Armes« sind. Deshalb dieser Lernschritt: Losgehen, Loslassen der Griffe durch Öffnen der Hände, Einpendeln in den Rhythmus. Die Stöcke folgen zunächst passiv der natürlichen Bewegung. Ab einer Frequenz von circa 100 Schritten pro Minute bewegen sich die Arme automatisch im »reaktiven Armpendel«: Mit dem rechten Bein geht der linke Arm nach vorne und umgekehrt. Hierbei bleiben die Hände geöffnet. Die Stöcke schleifen zunächst mit der Spitze am Boden. Pendelt der Arm nach hinten, ist selbst in dieser entspannten Phase schon ein Widerstand zu spüren. Die Stöcke beginnen, am Boden zu greifen. Nordic Walking beginnt. Durch dieses erste Schleifen wird der Stock automatisch flach eingesetzt.

Langer Arm – flacher Stock

Um daraus später die Schubphase zu entwickeln, kommt es darauf an, den Punkt zu erspüren, an dem der Stock am Boden Halt findet. Das Loslassen der Stöcke hat gerade hier den Nutzen, dass diese auch weit hinter dem Körper noch Bodenkontakt haben. Der lange Arm, das diagonale Armpendel und der flache Stock stehen beim Gehen mit geöffneten Händen im Mittelpunkt. Schon hier wird deutlich, dass Nordic Walking für Entspannung sorgt.

FEHLER UND FOLGEN

Passgang (rechter Arm gleichzeitig mit rechtem Bein vorn) – Folge: Keine Kreuzkoodination, kein natürliches Gangbild.

Ständiges Greifen, nicht loslassen können – Folge: Verkrampfung, kein entspannendes Armpendel möglich. Oft werden durch permanentes Greifen die Stöcke auch zu steil vor dem Körper eingesetzt.

DER WEG ZUM ERFOLG

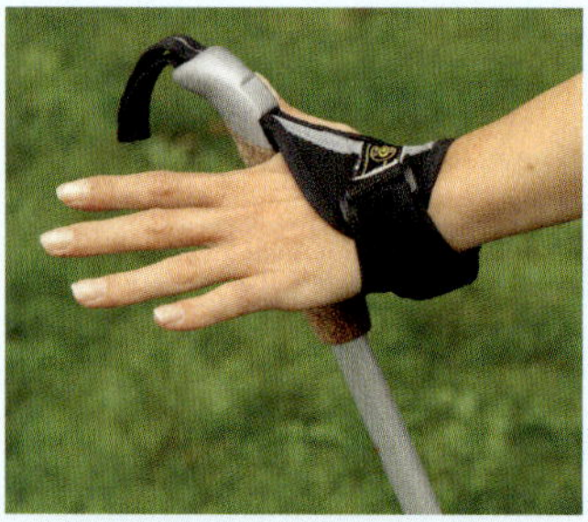

Die Griffe nicht nur loslassen, sondern die Finger komplett spreizen. Die Arme natürlich neben dem Körper pendeln lassen. Die Stockspitze schleift über den Boden. Die Schrittlänge ist noch der im Alltag ähnlich.

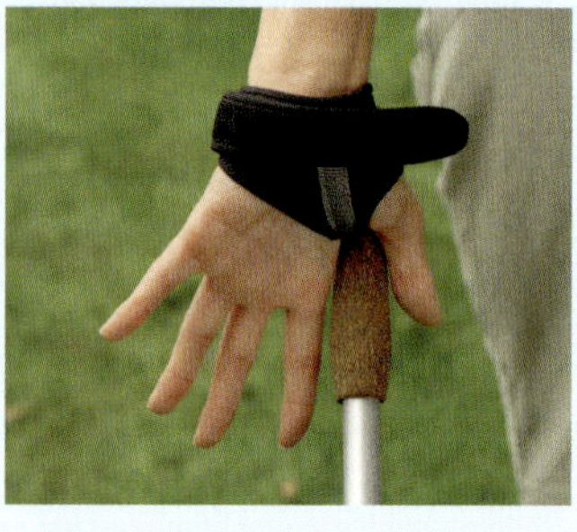

Die Finger sind während der gesamten Bewegung gespreizt und die Handhebermuskulatur zur Armstabilisierung aktiviert.

Spielform

»Kellnern«: Balancieren eines Stockes auf einer Hand mit nach oben geöffneter Handfläche und gespreizten Fingen. Übung auf jeden Fall mit Asphaltpad machen, um sich nicht in die Hand zu pieksen. Nun in alle Richtungen bewegen wie ein Kellner, der serviert. Wichtig ist, dass die Finger immer gespreizt bleiben. Neben dem Öffnen der Hand werden hier auch die Gleichgewichts- und die Orientierungsfähigkeit geschult. Das Kellnerspiel lässt sich sehr gut in Gruppen als Staffel gegeneinander spielen.

TIPP VON ROSI MITTERMAIER

Seien Sie geduldig mit sich und Ihrem Körper. Genießen Sie das Training, lassen Sie es einfach mal geschehen. Das Loslassen stellt für viele eine große Herausforderung dar. Machen Sie diese Übung auf weichem Untergrund, z. B. einer Wiese, um möglichst störungsfrei und geräuscharm zu gehen. Trainieren Sie vor allem das weite Abspreizen der Finger. Denn nur wer komplett loslassen kann, kann auch vollständig zugreifen. Ein paar Wiederholungen genügen, um die ersten Erfahrungen zu sammeln.

»Post-it-Spiel«: Ein Nordic Walker klebt sich einen Klebezettel (»Post-it«) mit einer Rechenaufgabe oder einer anderen zu lösenden Aufgabe in die Handinnenfläche und geht mit geöffneten Händen los. Der hinter ihm gehende Partner versucht so schnell wie möglich, die Aufgabe zu lesen und dann zu lösen. Hier sind der Fantasie keine Grenzen gesetzt. Paarweise kann gegeneinander gewetteifert und um Punkte gespielt werden. Ein sehr beliebtes Outdoorquiz in Nordic-Walking-Kursen.

»Kellnerspiel«: Mit dem Asphaltpad nach unten wird der Stock auf der Handfläche balanciert.

Step 3

GREIFEN UND LOSLASSEN

Symbolisch trifft »Greifen und Loslassen« den Nagel auf den Kopf. Die Alltagssorgen, den Stress hinter sich lassen, Probleme loslassen. Zugleich mit Blick nach vorn die sich bietenden Chancen ergreifen. Zugreifen, wenn der Stock nach vorn schwingt, bis er aufgesetzt wird, loslassen, wenn er aus dem Blickfeld gerät. Diese Technik ist nicht nur effektiv für ein Ganzkörpertraining, sondern auch Sinnbild einer positiven Lebenseinstellung.

TBHK: Die Schubphase

Die Nordic ALFA Technik zeichnet sich durch eine gezielte Abfolge von Greifen und Loslassen aus. Das Timing ist der Punkt, der Nordic-Walking-Einsteigern erst einmal einige Schwierigkeiten bereitet:
Der Stockeinsatz des linken Arms erfolgt zeitgleich mit dem Aufsetzen des rechten Beins. Dabei ist dieser Arm lang (nahezu gestreckt), und die Hand umschließt den Griff mit allen Fingern fest. Während der gesamten Schubphase verlässt die Stockspitze danach ihren Einstichpunkt nicht. Die Hand öffnet sich unmittelbar nach dem Stockeinsatz vor dem Körper und bewegt sich dabei nach am Oberschenkel vorbei bis zum letzten Teil der Schubphase. Die Finger spreizen sich ab, sodass die Hand komplett den Griff verlässt und nur noch über den Druck auf die Schlaufe nach hinten schiebt.
Der erste Bodenkontakt ist ein **T**asten, mit dem Öffnen der Hand kommt die **B**elastung auf die Schlaufe, dann folgt ein **k**ontrolliertes Schieben bis zum letzten **H**alten. Als Kürzel für die Schubphase steht **TBKH**.

Faustregel: Greifen des Stockes während der Schwungphase bis zum aktiven Stockeinsatz, Öffnen der Hände (Loslassen) während der Schubphase. Mit dem Schritt des rechten Beines nach vorn schwingt auch der linke Arm wieder in Laufrichtung vor.
Nun kommt der kleine Finger ins Spiel, der ohne großen Kraftaufwand den Stock vom Boden lupft. In dieser Schwungphase greift die Hand wieder zu und die Faust setzt zum nächsten Stockeinsatz an. Der kleine Finger ist beim Schließen der Hand mitverantwortlich für den Winkel des Stockeinsatzes. Der Arm bewegt sich von vorn nach hinten in einer leichten Innenrotation (Armspirale).

Der Doppelstockeinsatz

Einige Übungen können helfen, dieses durchaus filigrane und komplexe Bewegungsmuster umzusetzen. Eine effektive Koordinationsübung ist darüber hinaus Nordic

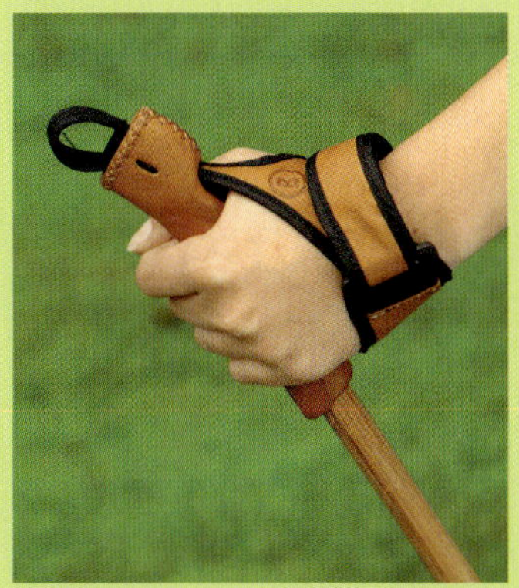

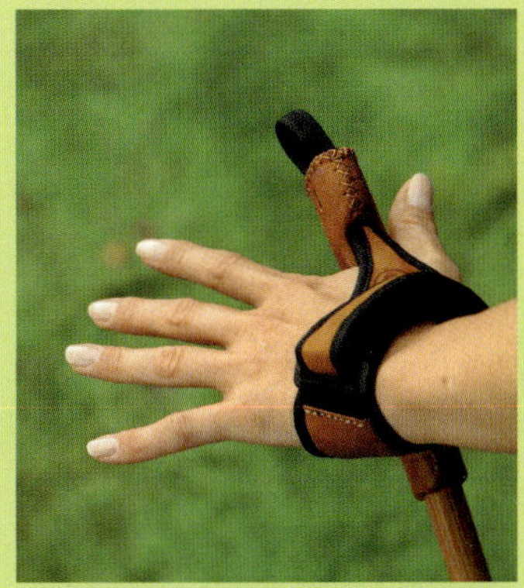

Zu Beginn der Schubphase mit geschlossener Hand, langem Arm und flachem Stock »tasten«.

Beim »Belasten« die Hand vollständig öffnen und Druck auf die Schlaufe ausüben.

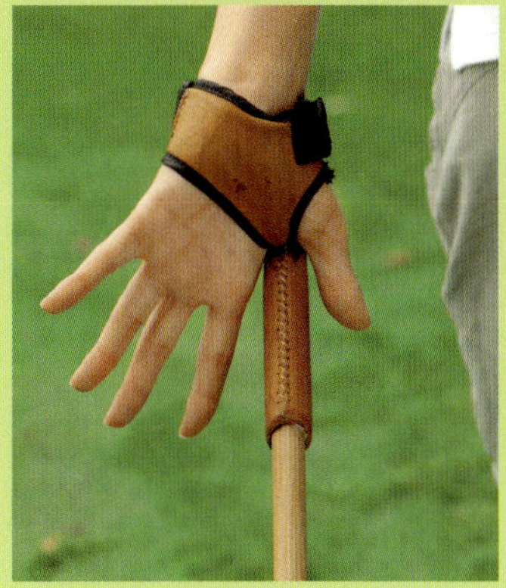

Dann folgt das »kontrollierte Schieben« unterhalb der Hüfte nah am Körper vorbei.

Die Schubphase endet mit dem »Halten« der Spannung weit hinter dem Körper.

Walking mit Doppelstockeinsatz. Diese Technik verzichtet auf die Schwierigkeiten der Kreuzkoordination. Dabei werden beide Stockspitzen gleichzeitig unter dem Körperschwerpunkt eingesetzt und schieben synchron. Immer dabei: Greifen in der Schwungphase, Loslassen in der Schubphase (siehe S. 35). In verschiedenen Rhythmusvarianten lassen sich mit Doppelstockeinsatz gezielt bestimmte Bewegungsmuster trainieren: Der Viererrhythmus lenkt das Bewusstsein auf die weite Schubphase nach hinten. Über vier Schritte wird der komplette Doppelstockeinsatz verteilt. Der Dreierrhythmus als weitere Übung dient der Rhythmisierung. Der Clou: Der Stockeinsatz wechselt sich im Walzertakt mit dem Aufsetzen des rechten und des linken Fußes ab.

Im nächsten Schritt geht's diagonal weiter mit dem Ziel: Greifen und Loslassen im rhythmischen Wechsel. Kommt's dabei noch zu Verwechslungen – wieder mit nur einem Arm probieren, um das Grundbewegungsmuster zu festigen. Ruhig auch den Wechsel noch einmal im Stand üben: Greifen in der Schwungphase, Loslassen in der – angedeuteten – Schubphase. Im Stand sowohl diagonal als auch parallel trainieren.

Schubphase und Pumpeffekt

Greifen und Loslassen ist eines der wichtigsten Technikelemente beim Nordic Walking. Die Kontrolle der Hände ist nicht nur notwendig für einen effektiven Stockeinsatz, der zu einem ganzheitlichen Körpertraining führt. Nur wenn die Finger den Griff verlassen, ist auch eine effektive Schubphase, in der die wichtigsten Trainingseffekte liegen, möglich. Der Pumpeffekt der Hand fördert zudem die Entspannung der Schulter- und Nackenmuskulatur, verbessert die Blutzirkulation und wirkt als sanftes Krafttraining.

FEHLER UND FOLGEN

Nicht alle Finger schließen in der Schwungphase bzw. die Hand schließt zu spät. – Folge: Der Stock fällt unkontrolliert, er fällt zu früh oder er pendelt ungewollt nach vorne.

Der Stock wird mit der Stockspitze zu weit vor dem Körper eingesetzt. – Folge: Der Stock wird zu steil eingesetzt, keine optimale Schubphase ist möglich.

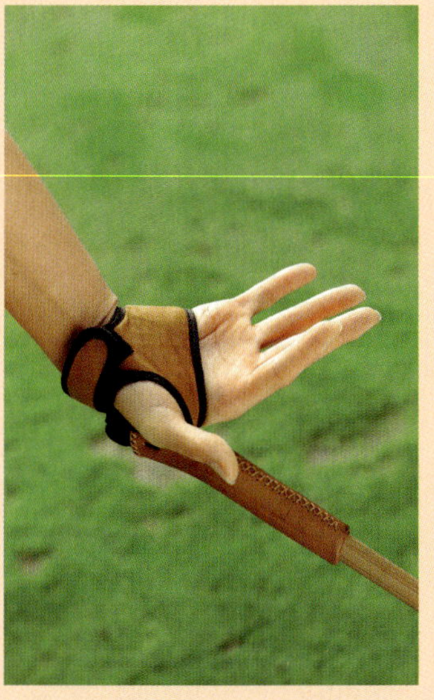

Die Schubphase endet unkontrolliert mit einem Handschlagen hinter dem Körper. – Folge: Abbruch der Schubphase, wenig Bewegungsumfang nach hinten, Verspannungen in Arm-, Schulter- und Nackenmuskulatur.

► DER WEG ZUM ERFOLG

Konzentration auf Greifen und Loslassen hilft, den Wechsel zu verstehen. Deshalb als Vorübung im Stand zunächst mit den Armen parallel und diagonal pendeln, beim Vorpendeln greifen, beim Zurückpendeln loslassen. Danach erst das Ganze im Gehen üben. Greifen und Loslassen mit Doppelstockeinsatz ist der nächste Schritt, zunächst im Viterer-, dann im Dreier- und schließlich im Zweierrhythmus.

Am Ende der Schubphase hinter dem Körper mit geöffneter Hand stabilisieren. Durch leicht aktivierten Handheber kann die Belastung auf der Schlaufe länger gehalten werden.
Dies bringt nicht nur eine spürbare Effektivität für die Armarbeit, sondern hilft auch bei der Aufrichtung und den Bewegungsspielräumen.

TIPP VON ROSI MITTERMAIER

Lassen Sie sich von Ihrem Körper nicht entmutigen. Variation ist hier angesagt. Nicht mit aller Gewalt den komplexen Bewegungsablauf beim ersten Mal können wollen und nicht immer mit der gleichen Übung trainieren. Es wird einige Wochen und einige Unterrichtseinheiten brauchen, bis dieser Bewegungsablauf sitzt. Es ist noch kein Nordic Walker vom Himmel gefallen. Und wenn man den Stock erst einmal im Griff hat, hört auch das Geklapper auf.

Spielform

»Fang den Stock«: Stock werfen und fangen in allen Varianten, alleine, zu zweit oder in der Gruppe. Mit einem Stock beginnen, dann mit zwei oder mehreren Stöcken weitermachen. Zupassen im Kreis mit Richtungswechsel ist nur eine Variante. Der Fantasie sind keine Grenzen gesetzt.
»Sonne und Mond« ist ebenfalls ein sehr beliebtes Spiel beim Nordic Walking. Dazu bedient man sich folgender Vorstellung: Das Greifen nach vorne (die Hand zur Faust ballen) in der Schwungphase stellt den Mond dar und das Öffnen der Hand nach hinten in der Schubphase die Sonne. Die Sonnenstrahlen werden durch die gespreizten Finger simuliert. Also lassen Sie die Sonne beim Nordic Walking scheinen.

Werfen und Fangen der Stöcke

Step 4

AUFRICHTEN – KOPF HOCH

»Kopf hoch« ist eine allseits gebräuchliche Floskel, die Menschen mit auf den Weg bekommen, wenn es ihnen gerade nicht besonders gut geht. Zwei Worte, die aufmuntern und ein wenig helfen sollen, die Seele wieder aufzurichten. Eigentlich genau das, was auch Nordic Walking will: die Verbesserung des Wohlbefindens. Das aber funktioniert nur mit erhobenem Haupt und einer aufrechten Körperhaltung.

Die aufrechte Haltung

Viel zu selten nehmen Menschen im Alltag eine aufrechte Körperhaltung ein. In den Bürostuhl versunken, in den Fernsehsessel gekauert – in der Regel fällt die Wirbelsäule in sich zusammen, hängen die Schultern nach vorn, bildet sich ein Hohlkreuz oder ein Katzenbuckel. Die Bandscheiben sind diesen permanenten Belastungen auf Dauer nicht gewachsen. Deshalb ist es notwendig, den Oberkörper in seiner natürlichen Position zu halten. Kein Wohlbefinden ohne einen gesunden Rücken!

Die gesamte Rumpfmuskulatur stabilisiert die Wirbelsäule wie ein Korsett. Nordic Walking bietet eine schonende Möglichkeit, diese Kraftzellen mit Energie zu laden. Nur bei aufrechtem Oberkörper und korrekt ausgeführter Technik werden alle Muskeln rund um die Wirbelsäule trainiert.

Die Position der Wirbelsäule selbst kann beim Nordic Walking durch aktiven Einsatz der Stöcke sehr gut kontrolliert werden. Nur wenn der Körperschwerpunkt in der Körpermitte stabilisiert wird, ist ein eleganter und effektiver Laufstil möglich. Eine schlaffe Haltung ist weder sanft noch effektiv.

TIPP VON ROSI MITTERMAIER

Nur ein aufrechter Nordic Walker ist auch ein attraktiver Nordic Walker. Gehen Sie aufrecht durchs Leben. Sich aufrichten macht attraktiv. Attraktivität hat nicht sehr viel mit Kleidung und Schönheit zu tun, dafür aber umso mehr mit Aufrichtung und Ausstrahlung.

Strahlen Sie auch mal dann, wenn Ihnen nicht danach zumute ist. Allein einmal für eine Minute die Mundwinkel willentlich nach oben zu ziehen, signalisiert dem Gehirn Freude. Aufrichten ist ein perfektes Training für den Alltag.

Die Schlüsselstelle bildet hierbei das Becken. Es ist beim Aufrichten vom Fuß bis zum Kopf das Hauptbindeglied zwischen Beinen und Wirbelsäule. Langfristiges Ziel ist es, sich wieder ganz aufzurichten.

Vitalität und Selbstwertgefühl

Die Körperhaltung hat auch einen starken Einfluss auf die Psyche. Ein aufrechter Gang erhöht das Selbstwertgefühl. Menschen reagieren sehr feinfühlig auf diese Körpersprache. Ein Nordic Walker, der den Kopf hoch hält und dessen Blick nach vorn gerichtet ist, drückt Vitalität, Lebensfreude und Offenheit aus.

Als Maß für eine aufrechte Haltung dient der Griff des kleinen Fingers in die Bauchnabelhöhle und des Daumens an die untere Spitze des Brustbeins bei geballtem Ring-, Mittel- und Zeigefinger.

Diese Geste bedeutet bei den Hawaiianern »hang loose«, frei übersetzt: Lass es dir gut gehen! Tatsache ist: Sind kleiner Finger und Daumen jetzt maximal gespreizt, geht es der Wirbelsäule gut. Der Bauchnabel ist vom Gefühl her »hoch«.

Hierbei helfen Bilder weit mehr als aufwändige Übungen. Ein weiteres Bild für eine aufrechte Haltung ist das Schließen des Reißverschlusses einer Jacke bis zum Kragen. Auch die Blickrichtung ist eine gute

FEHLER UND FOLGEN

Blick nach unten, Kopf gesenkt, Rundrücken, Schultern nach vorn – Folge: Keine Aufrichtung der Brustwirbelsäule, keine raumgreifenden Bewegungen möglich für ein sanftes Ganzkörpertraining.

Vorlage, Rumpf nach vorn geneigt, keine Aufrichtung des Beckens – Folge: Stützfunktion des Rumpfes blockiert, ungünstig für die Lendenwirbelsäule. Oft mit Schmerzen verbunden.

DER WEG ZUM ERFOLG

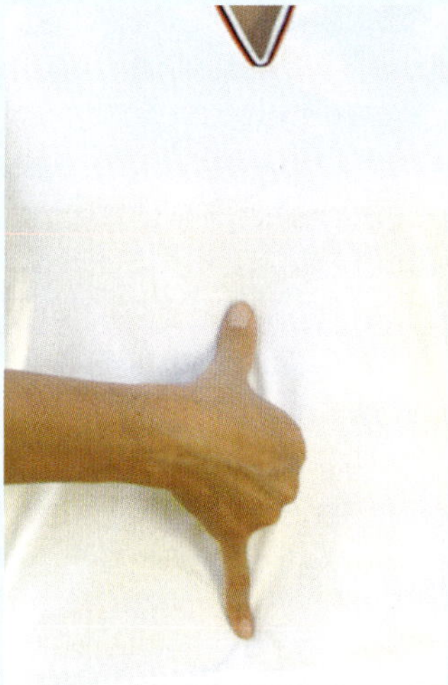

Abstandshalter »hang loose« fürs Aufrichten verwenden.

Standübung: Stock als taktile Hilfe an Pofalte, Brustwirbelsäule und Hinterkopf.

Mit »hohem« Bauchnabel gehen, die Schulterblätter zusammenziehen.

Hilfe: Nicht auf den Boden starren, sondern den Blick weit nach vorn richten. Deshalb: Kopf hoch beim Nordic Walking! So lässt es sich freier und entspannter atmen, und die inneren Organe bekommen Raum zur Entfaltung.

Spielform

»Pharaostaffel«: Ohne Stöcke, eine Handfläche nach oben gerichtet, die andere nach unten, einen Gegenstand von A nach B tragen. Ähnliche Staffel in der ALFA Technik: einen Gegenstand (Münze, Asphaltpad) auf dem Kopf balancieren, ohne ihn fallen zu lassen; alleine oder mit der Gruppe als Staffellauf.

Eine Handfläche ist waagerecht nach oben gerichtet, die andere nach unten. Bei dieser Spielform wird die Arm- und Handhaltung praktisch an der Schulterlinie gespiegelt.

Step 5

BEWEGUNGSSPIELRÄUME

Jetzt wird's richtig gesund: Nachdem die Wirbelsäule in eine aufrechte Position gebracht ist, kommt nun eine sanfte Rotation der Schulter- gegen die Beckenachse hinzu. Die Nutzung dieser Bewegungsspielräume ist Entspannung pur, Balsam für die Bandscheiben und bringt den vielleicht wichtigsten Entspannungseffekt beim Nordic Walking. Ebenso werden über das kreuzkoordinierte Greifen und Loslassen unsere beiden Hirnhälften ideal miteinander verbunden. Es entstehen so genannte neuronale Verknüpfungen.

Sanfte Spiralbewegung

Raumgreifende Bewegungen werden von nun an nicht mehr alleine durch Pendeln der Arme erreicht. Bei jedem Stockeinsatz bewegt sich nun auch die entsprechende Schulter ein wenig in Laufrichtung mit. Dadurch kommt es zu einer leichten Rotation der Schulter- um die Körperachse. Die Beinarbeit passt sich der raumgreifenden Armbewegung an.

Das ist ein wichtiger Punkt für das Verständnis von Nordic Walking. Wenn es auch »Walking« heißt, geben in Wirklichkeit die Arme den Ton an, bestimmen den Rhythmus und – auch die Schrittlänge! Denn auch das Becken rotiert nun sanft um die Körperachse. Wegen der diagonalen Koordination der Extremitäten – Stockeinsatz links, rechter Fuß vorn – rotieren somit Becken und Schulterachse gegenläufig.

Diese sanfte Spiralbewegung hat einen unglaublichen Effekt. Sie bewirkt eine Mobilisierung der Wirbelsäule bei gleichzeitiger Stabilisierung der Körpermitte. Das belebt die Bandscheiben und entspannt die Schulter- und Nackenmuskulatur auf sehr schonende Weise.

Übertriebene Rotationsbewegungen sind hier jedoch fehl am Platz. Die Bewegung sollte angenehm sein, der Bewegungsspielraum sich auf ein gesundes Maß einpendeln. Übertriebene Mobilität bedeutet mangelnde Stabilität. Als Faustregel gilt: So mobil wie nötig, so stabil wie möglich.

Falscher Stockeinsatz

Leider sieht man draußen immer mehr Nordic Walker, die es genau umgekehrt machen. Die Schulterachse ist starr und das Becken rotiert über natürliche Grenzen hinaus. Das tut dem unteren Rücken nicht gut.

Dass diese Rotation so schwer fällt, liegt am Einsatz der Stöcke. Im Alltag ohne Stöcke bewegt sich die Schulterachse freier; eine Folge des reaktiven Armpendels gegen die Beckenachse. Der Stock bewirkt zunächst eine Fixierung der Schulterachse. Vor allem zu lange und zu steil eingesetzte Stöcke über Bauchnabelhöhe blockieren den funktionellen Drehpunkt der Schulter- gegen die Beckenachse. Andererseits kommt es bei der Drehung der Schulter schnell zu einer Übertragung auf die Arme, und der Stockeinsatz wird entweder von vorn innen nach hinten außen ausgeführt oder umgekehrt.

Die Lösung steckt in der Unterscheidung von Rotation und Translation. Rotatorische Bewegungen sind Bewegungen um eine Achse (Schulter- gegen Beckenachse), translatorische verlaufen entlang einer Achse (Armbewegung von vorn nach hinten). Unser Körper kann diese Bewegungen am Anfang nicht unterscheiden. Wenn die Wirbelsäule sich in eine Richtung bewegt, reagiert der Arm während der Schubphase mit einer Innenrotation. Nur so kann ein geradliniges Weitergehen gewährleistet werden. Das ist mit einer der Gründe, warum so viele Nordic Walker unbewusst die Schubphase schon so früh abbrechen. Es fällt am Anfang einfach schwer. Ohne fachliche Anleitung werden viele Nordic Walker nie in den Genuss einer funktionellen und entspannenden Rotation der Schulter- gegen die Beckenachse kommen.

Step 5 beim Nordic Walking braucht viel Übung und Geduld. Dafür wird jeder nach einiger Zeit reichlich belohnt.

TIPP VON ROSI MITTERMAIER

Versuchen Sie diese Rotationsbewegung nicht von Anfang an in die Gesamtbewegung zu integrieren. Trainieren Sie mit Einzelübungen zur Mobilisierung und Stabilisierung. Allmählich wird über das Aufrichten und eine verbesserte Arbeit beim Greifen und Loslassen auch diese Bewegung ihren Platz finden. Diese Rotationsbewegungen sind Gehirngymnastik pur.

FEHLER UND FOLGEN

Zu wenig Bewegungsspielraum, kein Entspannen im Schulter- und Beckenbereich, meist in Verbindung mit zu geringer Aufrichtung – Folge: Keine Rotation, keine raumgreifenden Bewegungen, keine Entspannung.

Becken weicht bei jeder Bewegung aus bzw. dreht aktiv gegen die Schulterachse – Folge: Instabile Körpermitte, kein aufrechter Gang, kein harmonisches Gangbild. Keine Rotation der Schulterachse möglich.

Wackelgang, Körperschwerpunkt verlagert sich zu weit zur Seite – Folge: Keine Stabilisierung der Körpermitte, Mängel in Schub- und Schwungphase, keine Rotation.

Um eine größere Sensibilität für den Hüftbereich zu erreichen, empfiehlt sich der Wechsel zwischen muskulärer Anspannung und Entspannung.
Bildhafte Vorstellung: Eine Münze, die zwischen den Pobacken klemmt, wird während des Gehens losgelassen.

Durch die Anspannung der Pomuskulatur erfährt das Becken mehr Stabilität. Dadurch kommt es zu mehr Bewegungsfreiheit in der Schulterachse. Sobald der Nordic Walker diese beiden Bewegungen exakt zueinander koppeln kann, wird es richtig gesund und der Bewegungsablauf ist Ästhetik pur.

DER WEG ZUM ERFOLG

Als Übung zur Mobilisierung der Schulterachse bietet sich an, die Stöcke auf Schultern oder Brust zu legen, beide Enden zu greifen und zunächst im Stand bei angehobenem und angewinkeltem Bein mit der Schulterachse sanft um die Körperlängsachse zu drehen.

Dann in dieser Bewegung im Diagonalschritt losgehen. Hierbei rotiert die Schulterachse gegen die Beckenachse. Bei schmerzhaft eingeschränkten Schultergelenken können die Stöcke alternativ auch vor der Brust gehalten werden.

Eine effektive Partnerübung zur Lockerung der Schulterachse ist das »Eisenbahngehen«. Zwei Personen gehen hintereinander und greifen die Stöcke beidseitig wie die Antriebsstangen einer Dampflokomotive. Synchron pendeln die Arme mit.

Spielform

»Klatschgang«: Zwei oder mehr Teilnehmer gehen hintereinander ohne Stöcke und klatschen sich gegenseitig im Diagonalgang (Handhaltung wie im Bildausschnitt auf S. 40, oben links) vor und hinter dem Körper in die Hände.

Neben der Rotation der Schulter- gegen die Beckenachse werden hierbei auch die raumgreifenden Bewegungen vor und hinter dem Körper geschult.

Bei dieser Übung wird nochmals deutlich, wie sehr die Arme den gesamten Bewegungsablauf bestimmen.

Step 6

AKTIVE FUSSARBEIT

Der Fuß ist vom Gehirn am weitesten entfernt und entzieht sich offenbar deshalb erhöhter Aufmerksamkeit. Gezwängt in zu enges Schuhwerk, aufgebockt in Highheels, platt getreten in Billigschuhen ist der Fuß nur noch ein passiver Mitläufer. Dabei bildet eine aktive Fußarbeit die Basis für Entspannung, Wohlbefinden und mehr Bewegungsspielraum beim Gehen. Und vor allem ist ein funktionierender Fuß die Grundlage für die Aufrichtung.

Der natürliche Rotationsgang

Nordic Walking aktiviert die Fußmuskulatur. Raumgreifende Schritte sind ohne ein aktives Abrollen nicht funktionell und somit nicht gesund. Zudem ist der Fuß der erste Sensor, der den Boden erfühlt und auf Unebenheiten reagiert. Ein aktiver Fußeinsatz kann bereits ein wackliges Gangbild verhindern.

Ziel der aktiven Fußarbeit ist der natürliche Rotationsgang. Dabei beschreibt der Fußabdruck einen Halbmond: Der ganze Fuß rollt von der Ferse über den Außenrand des Mittelfußes in Richtung großer Zeh ab.

Ein falsch oder passiv eingesetzter Fuß führt nicht nur zu einem wenig eleganten, sondern auch zu einem nicht effektiven Laufstil und kann langfristig zu Fehlbelastungen beitragen. Die Folgen sind Fuß-, Knie- und Rückenbeschwerden.

Plattes Auftreten ist im Alltag oft die Regel, der Muskel- und Sehnenapparat bekommt dadurch kaum eine Chance, sich zu entspannen oder zu entfalten. Verspannungen im Fuß übertragen sich auf den ganzen Körper bis ins Gehirn, und das sogar sprichwörtlich: »Wo drückt der Schuh«? ist auch bei seelischen Problemen eine gern gestellte Frage.

Barfuß auf Naturböden

Die häufigste Ursache für schlechtes Gehen ist die Tatsache, dass der Fuß keinen Reizen mehr ausgesetzt ist. Durch Schuhe und flache, harte Böden verfällt der Fuß in den monotonen Alltagstrott. Dieses Problem haben beispielsweise Naturvölker nicht, die sich tagein, tagaus barfuß auf Naturböden bewegen und dadurch alle Reflexzonen des Fußes aktivieren.

Warum also nicht einfach mal dem Fuß die Möglichkeit zur Entfaltung geben und Schuhe und Socken ausziehen? Der gesamte Bewegungsapparat des Fußes kann sich dabei frei bewegen und die Sensoren beginnen intensiv zu arbeiten.

Wer kennt nicht das Gefühl, barfuß auf einer Wiese zu wandern oder am Strand zu laufen,

FEHLER UND FOLGEN

Zu starke Vorfußbelastung mit mangelnder Stabilisierung des Knies – Folge: Fallenlassen des Körperschwerpunktes (Wippgang), erhöhte Gelenkbelastung (Knie/Lendenwirbel), wenig Vortrieb, keine Rotation.

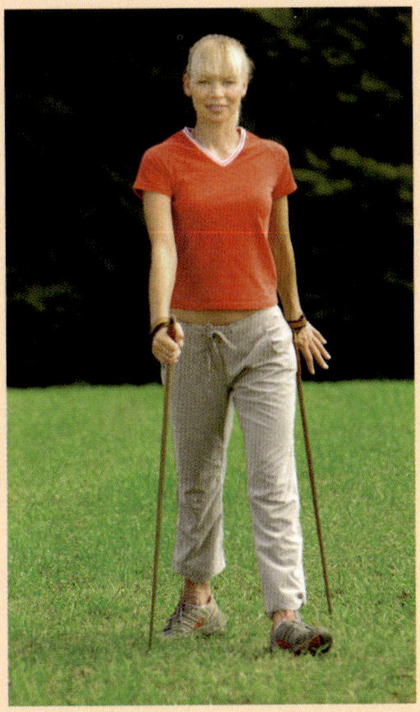

V-Stellung der Füße (Entengang) – Folge: Kein Abrollen über den ganzen Fuß möglich, Blockade der Hüftbeweglichkeit, keine Rotation, Überpronation (Einwärtsknicken des Fußes).

Kein Halten des Beins beim letzten Teil der Schubphase, verbunden mit einer unfunktionellen Aufrichtung aus Becken und Wirbelsäule – Folge: Kein harmonisches Gangbild.

und wer verbindet nicht sofort Erinnerungen und Bilder mit diesem Gefühl? Die Sohlen sind ein Gefühlszentrum des menschlichen Körpers. Kaum eine Region reagiert intensiver auf Kitzeln oder auf das wohlige Gefühl einer Massage.

Der Fuß – ein filigranes Gebilde aus Muskeln, Sehnen, Knochen, Bändern und Nerven, dem etwas mehr Bewegung gut tut, als es alltäglich bekommt. Entspannung beginnt in den Zehenspitzen. Die aktive Fußarbeit lohnt sich.

DER WEG ZUM ERFOLG

Ein harmonisches und dabei stabiles Abrollen des Fußes über die gesamte Länge unterteilt sich in vier Phasen: In der »Tastphase« setzt die Ferse sanft auf. Der Fuß wird durch die Fußhebermuskulatur angehoben und das Knie stabilisiert. Dann folgt die »Belastungsphase«, bei der das gesamte Körperwicht auf der Außenseite des Mittelfußes lastet und die Körpermitte in Balance gehalten wird. In der »Kontrollphase« geht es um das kontrollierte Abrollen in Richtung Großzehe. In der »Haltephase« hält das hintere Bein die Spannung, bis der Fuß den Boden verlässt.

Vorstellung, eine halbe Zitrone unter dem Großzehenballen langsam auszupressen.

Beim optimalen Ausnutzen der Schubphase durch den Rumpf ergibt sich eine Schrittlänge, die in etwa der Stocklänge entspricht.

Gehen auf einer gedachten Linie stabilisiert die aufrechte Haltung und schult gleichzeitig das Gleichgewicht. Die Linie kann aufgemalt werden, es genügt in der Regel jedoch die Vorstellung einer gedachten Linie.

Weitere Übungen

Kontrastgehen mit wechselnder Belastung auf dem Innen- und dem Außenfuß, der Wechsel zwischen V-Stellung und A-Stellung der Füße oder übertriebenes Gehen auf der Ferse oder auf den Zehenspitzen erhöhen das Gefühl für einen aktiven Fußeinsatz.
Ein effektiver Trick, um das Abrollverhalten des Fußes bewusst zu machen, ist auch Rückwärtsgehen.

Spielform

Balancieren eines Stockes auf einem Fußrücken. Wer's am längsten schafft, hat gewonnen. Das schult zum einen das Gleichgewichtsempfinden, zum anderen sind die Muskeln beider Füße ständig am Regulieren. Deshalb auch auf beiden Seiten probieren.

TIPP VON ROSI MITTERMAIER

Der Tipp für alle Frauen, die in unbequemen und Absatzschuhen ihren Alltag bewältigen. Gönnen Sie Ihren Füßen wieder mehr Leben. Nutzen Sie regelmäßige Nordic-Walking-Einheiten, um unter Anleitung Ihre müden Füße wieder fit zu machen. Beim Schuhkauf auch einmal auf die Funktionalität eines Schuhs achten. Lässt der Schuh das oben beschriebene Abrollverhalten zu oder nicht? Dies sollte ein Kaufkriterium sein.

Step 7

VARIATIONEN UND FESTIGUNG DER NORDIC ALFA TECHNIK

Je runder und harmonischer ein Bewegungsablauf, desto eleganter ist er. Holprige, hektische oder steife Bewegungen wirken wenig attraktiv und animieren kaum zum Nachahmen. Deshalb heißt es nun, die erlernten Bewegungsmuster, -umfänge und -intensitäten aufeinander abzustimmen. Rhythmus spielt dabei eine entscheidende Rolle

► FEHLER UND FOLGEN

Unregelmäßiges Training –
Folge: Bewegungen automatisieren sich nicht, Fehler schleichen sich ein.
Kein Variieren der Grundtechnik –
Folge: Keine Weiterentwicklung, Eintönigkeit, Langeweile.
Ständig alleine trainieren –
Folge: Keine Abwechslung, keine Inspiration zu Neuem.
Zu hohe Trainingsintensität –
Folge: Überlastung, Spaßverlust.

Feilen an der Grundtechnik

Ziel ist es, die in Step 3, 5 und 6 gelernten Elemente so miteinander zu verknüpfen, dass eine fließende Bewegung entsteht. Aber alle einzelnen Bewegungsmuster zu beherrschen bedeutet noch nicht, elegant zu gehen. Die Abstimmung der einzelnen Technikelemente aufeinander erfordert eine Menge Feingefühl.

Die Korrekturen betreffen teilweise sehr kleine Details, die Fehlerbilder sind oft filigran. Dennoch spielt diese Feinabstimmung im Sinne eines effektiven Ganzkörpertrainings eine entscheidende Rolle. Mit automatisierten Schonhaltungen lässt sich nicht effektiv trainieren.

Nordic Walking arbeitet wie kein anderes Bewegungskonzept an Haltungsschäden und deckt Schwächen gnadenlos auf. Eine gute Ausführung der Nordic-Walking-Grundtechnik bei geringerer Intensität ist dabei weitaus effektiver als sehr intensives Gehen mit falscher Technik. Das intensive Feilen an der Grundtechnik ist lohnend für Körper und Geist.

Schwimmen lernt man nicht beim Duschen und Nordic Walking nicht beim Zuschauen. Also heißt es jetzt, so oft gehen wie möglich und sich dabei immer wieder gezielt auf einzelne Bewegungselemente konzentrieren. Zum Beispiel beim Laufen fünf Minuten lang bewusst auf die aktive Fußarbeit achten, danach Greifen und Loslassen üben, um dann

DER WEG ZUM ERFOLG

Varianten einsetzen:
Gemeinschaftsvariante – Synchrongehen zu zweit oder in der ganzen Gruppe

Tempovariante:
Nordic Running – Laufen beim Nordic Walking

an einer aufrechten Haltung zu arbeiten. Geduld und regelmäßiges Training sind dabei der Schlüssel zum Erfolg.

Fehler erkennen und beheben

Essenziell für den Trainingserfolg ist dabei das Erkennen der Fehler. Ein gut ausgebildeter Instructor mit geschultem Bewegungs- und Fehlersehen kann hier sicherlich besser helfen als eine spontane Selbstanalyse. Auch die Videoanalyse ist ein sehr effektives Mittel, um Entwicklungsfelder deutlich zu machen. Eine intensive Trainingseinheit mit einem Trainer oder in der Trainingsgruppe bietet eine gute Möglichkeit, die Bewegungsabläufe zu harmonisieren und zu festigen. Hier kann der Instructor direkt auf Entwicklungsfelder eingehen.

TIPP VON ROSI MITTERMAIER

Trauen Sie sich, über Ihren Schatten zu springen, lassen Sie Bewegungsmuster zu, die Ihrem Körper gut tun. Entdecken Sie den Spielplatz Natur und die Vielfalt der Möglichkeiten, sich an der frischen Luft zu bewegen. Variieren Sie die Bewegung. Springen, toben Sie einfach mal herum wie früher als Kind. Lassen Sie Ihr inneres Kind wieder spielen. Verbessern Sie Ihre Koordination, um auch außerhalb der Nordic-Walking-Stunden Ihrem Körper ein bewegtes Leben zu bieten.

Kapitel 3

Lernen einmal anders

VARIATIONEN UND KONTRASTE STATT MONOTONIE

Das System Mensch ist autonom, was auch bedeutet, dass jeder Einzelne für sich sein Lernen selbst organisiert. Deshalb führen Lehrmethoden nach dem Prinzip »Mach das so und dies genau so« in vielen Fällen nicht zum gewünschten Erfolg.

Differenzielles Lernen

Ein von der Lehrperson zu stark vorgegebenes Programm kann beim Lernenden die Variabilität unter Umständen zu sehr einschränken. Der Lernende sollte die Chance erhalten, über vielfältige Aufgabenstellungen sein persönliches Lernziel mit viel Spaß zu erreichen. Verschiedene Menschentypen brauchen verschiedene Aufgabenstellungen. Unterschiedliche Aufgabentypen erleichtern es, den Lernprozess so variabel wie möglich zu halten.

Ein Kind, das in der Schule nicht vom Lehrer bzw. vom Elternhaus zum Lernen motiviert wird, muss trotzdem weiter zur Schule gehen, weil es schulpflichtig ist. Ein Erwachsener in einem Nordic-Walking-Kurs sagt selten, dass ihm der Unterricht zu langweilig und nicht abwechslungsreich genug sei – er bleibt beim nächsten Mal einfach zu Hause. Das ist einer der Gründe dafür, dass zwar sehr viele Menschen mit Nordic Walking beginnen, dann aber doch nicht langfristig mit ihrem Instructor trainieren. Gerade deshalb sollte es für jeden Instructor eine Herausforderung sein, das Training so variabel und damit so attraktiv wie möglich zu halten.

TIPP VON ANDREAS WILHELM

Variationen und Kontraste motivieren stärker als monotones Lernen nach festgelegten Programmen.
Viele Wege führen nach Rom. Variabel bleiben im Leben und beim Nordic Walking ist der Schlüssel zum Erfolg.

Aufgaben-typen

Egal, welche Nordic-Walking-Übungen wir beschreiben oder zusätzlich in Kursen und Ausbildungen weitergeben, alle lassen sich in die folgenden elf Aufgabentypen einteilen.

1 EXPERIMENTIERAUFGABEN

Offene Aufgabenstellung, bei der dem Lernenden ein Spielraum bei der Bewegungsausführung gelassen wird, um die meist vorgegebenen Situationen zu bewältigen.

- **Beispiele:** Gehe eine gewisse Strecke mit möglichst wenigen Schubbewegungen bzw. Schritten; bewältige den Abhang mit funktionellen Nordic-Walking-Techniken.

2 KONTRASTAUFGABEN

Der Lernende nutzt aufgrund gegensätzlicher Bewegungsausführung die gesamte Bandbreite des Bewegungsspielraums aus.

- **Beispiele:** Gehe abwechselnd auf den Fersen und den Zehenspitzen; gehe im Wechsel gebeugt und aufrecht.

3 TECHNIKORIENTIERTE AUFGABEN

Die Aktionen werden in der Regel unter funktionalen Aspekten vom Lehrenden vorgegeben.

- **Beispiele:** Greife während der Schwungphase und öffne während der Schubphase; rolle den Fuß von der Ferse über den Mittelfuß zum Großzehengrundgelenk.

4 RHYTHMUSAUFGABEN

Die Bewegungsausführung soll kontinuierlich und zyklisch erfolgen.

- **Beispiele:** Im Wechsel fließende Übergänge zwischen Greifen und Loslassen zeigen; beim Stockeinsatz mitzählen.

5 SYNCHRON- UND FORMATIONSWALKEN

Die Bewegungen müssen räumlich und zeitlich auf/mit mehrere/n Personen abgestimmt werden, d.h., die Aufmerksamkeit wird häufig von der eigenen Bewegungsausführung weggelenkt.

- **Beispiele:** Nordic Walking zu Musik in der Gruppe.

6 REZEPTIVAUFGABEN

Die Aufmerksamkeit ist (optisch, akustisch, taktil usw.) auf einzelne oder auch mehrere Punkte während des Nordic Walkings gerichtet.

- **Beispiele:** Gehe auf mein Handzeichen; gehe mit geschlossenen Augen auf die Kommandos deines Partners; schiebe, bis die Hand des Partners berührt wird; Doppelstockschub, bis die Schulterblätter zu spüren sind; balanciere über einen Baumstamm; die Pomuskulatur anspannen.

7 IMITATIONSAUFGABEN

Die bildliche und/oder emotionale Nachahmung wird häufig durch metaphorische, sinnbildliche Aufgaben eingeleitet.

► **Beispiele:** Gehe stolz wie ein König, leicht wie eine Feder; gehe beschwingt; imitiere den Partner beim Nordic Walking.

8 SITUATIONSORIENTIERTE AUFGABEN

Natürliche oder künstliche Geländeformen, unterschiedliche Bodenbeschaffenheiten werden in den Lernprozess einbezogen.

► **Beispiele:** Bergauf, bergab gehen; über Hindernisse springen; durch ein Flussbett gehen.

9 MATERIALBEZOGENE AUFGABEN

Sofern die Möglichkeit besteht, sollten unterschiedliche Materialien ausprobiert werden.

► **Beispiele:** Verschiedene Stockmarken, Stocklängen variieren; Alu- und Karbonstöcke verwenden; verschiedene Schuhe probieren.

10 SPIEL- UND WETTKAMPF-ORIENTIERTE AUFGABEN

Die Aufmerksamkeit wird z.B. durch komplexe Aufgabenstellungen oder durch Zeitdruck von der Bewegungsausführung weggelenkt.

► **Beispiele:** Nordic-Walking-Staffel; Stöcke werfen; Orientierungsläufe.

11 KREATIVITÄTSAUFGABEN

Aufgaben, die kompositorische Anforderungen an den Lernenden stellen.

► **Beispiele:** Entwickeln einer Kür mit allen möglichen Technikvarianten; eine neue Nordic-Walking-Technik entwickeln.

Weitere methodische Maßnahmen zur Variation der Bewegungsausführung können sein:

- Veränderung der Bewegungsrichtung, des Bewegungsumfangs und der Merkmalsumfänge;
- Veränderung der Dauer des Bewegungsablaufs (Bewegungsgeschwindigkeit), des Krafteinsatzes und des Bewegungsrhythmus;
- Anwendung dieser Variationsmöglichkeiten auf jedes Gelenk bezüglich der Merkmale Gelenkwinkel, Gelenkgeschwindigkeit und Gelenkbeschleunigung.

Darüber hinaus können nach Bedarf einzelne Bewegungsphasen betont, Zusatzaufgaben während der Bewegungsausführung gestellt, der Bewegungsraum verändert und verschiedene Hilfsmittel eingesetzt werden.

Die beliebtesten Einzel- und Partnerübungen

Die Übungen beziehen sich jeweils auf einen oder mehrer Schwerpunkte aus den sieben Steps und lassen sich in die elf Aufgabentypen einordnen. Je komplexer eine Übung ist, desto mehr Geduld erfordert das Training.

DIE HOLLYWOODSCHAUKEL: Greifen und Loslassen mit nur jeweils dem äußeren Arm trainieren. Einen zur Innenseite mitschwingenden Stock halten die Partner jeweils in der freien Hand. Durch dieses Schwingen kommt es zu einem verbesserten Rhythmusgefühl und mehr Stabilität in der Schwung- und Schubphase.

SIAMESISCHE ZWILLINGE: Partner umfassen einander hinter dem Körper und trainieren mit dem jeweils äußeren Stock Greifen und Loslassen. Beide Partner können sich durch die taktile Hilfe der Hand im Rücken besser aufrichten. Ebenso können raumgreifende Arm- und Beinbewegungen aneinander angepasst werden. – Eine Übung mit Flirtfaktor!

DOPPELSTOCK-ZWEIERRHYTHMUS: Der Zweierrhythmus mit einem Schritt Schub- und einem Schritt Schwungphase hilft bei der Abstimmung der Schrittlänge auf die raumgreifenden Armbewegungen. Er ist eher etwas für Fortgeschrittene.

GIVE ME FIVE: Der Trainierende erreicht mehr Bewegung nach hinten, indem er versucht, die Hand des Partners hinter dem Körper zu erreichen. So wird er ermutigt, die Schubphase immer weiter nach hinten auszudehnen. Ideale Übung für alle, die nicht wissen, wie weit ihre Hand sich hinter dem Körper befindet.

DIE EINARMIGE: Einseitiges Trainieren des Stockeinsatzes und Verbesserung beim Greifen und Loslassen stehen im Mittelpunkt dieser Übung. Einarmgehen lenkt die Aufmerksamkeit nur auf eine Hand und erleichtert so die Koordination. Dabei wird das Greifen und Loslassen in der zeitlich richtigen Abfolge mit nur einer Hand geübt. Klappt's auf einer Seite, kommt die andere dran.

ERREICHE DEN STOCK: Der vorn gehende Partner balanciert den Stock so hoch, dass der Trainierende sich maximal aufrichten muss, um den Stock mit dem Kopf zu erreichen.

MASSAILAUF: Mit dem Gefühl gehen, einen Gegenstand auf dem Kopf zu balancieren. Ziel ist eine aufrechte Körperhaltung und ein ruhiger Körperschwerpunkt nach dem Vorbild der stolzen Massai. Natürlich kann auch ein vorhandener Gegenstand tatsächlich auf dem Kopf balanciert werden.

MARIONETTENSPIELER: Beim Verbessern der Rotation von Schulter- gegen Beckenachse kann diese taktile Hilfe das Gefühl für mehr Mobilisierung vermitteln. Der Trainierende sollte hierbei nur ganz leicht angefasst und geführt werden und sich wie eine Marionette führen lassen.

EINFRIEREN: Der Übergang von einer Schwung- und Schubphase zur nächsten wird »eingefroren«. Das Verharren gibt dem Körper sehr viel Rückmeldung zu Orientierung und Gleichgewicht. Diese Aufgabe sollte mit Hilfe eines Partners ausgeführt werden, der einzelne Bewegungsmerkmale nachkorrigieren kann.

DIE LIEGENDE LEITER: Mehrere Stöcke liegen im Abstand jeweils einer Stocklänge wie eine auf dem Boden liegende Leiter nebeneinander. Da die Schrittlänge beim Nordic Walking etwa der Stocklänge entspricht, kann beim Durchschreiten der Leiter sehr gut die aktive Fußarbeit in Bezug auf die angepasste Schrittlänge trainiert werden. In der Gruppe eine sehr abwechslungsreiche Übung. Eine Steigerung ist das Einfrieren bei jedem Schritt, um auch das Gleichgewicht zu trainieren.

STOCKIMITATION: Die Nordic ALFA Technik ohne Stöcke. Alle Bewegungsmerkmale sind vorhanden. Greifen und Loslassen ohne Stöcke erfordert sehr viel Feingefühl und Orientierungsfähigkeit. Auch hier kann als Variante das Einfrieren eingebaut werden. Ein Partner als Korrekturhilfe ist empfehlenswert.

DIE FORMATION: Zur besseren Rhythmisierung und Vertiefung der Technik paarweise oder mit der ganzen Gruppe synchron gehen bzw. laufen. Die Bewegungsabläufe können sehr gut aufeinander abgestimmt und verbessert werden. Formationsaufgaben stellen einen sehr hohen Anspruch an Rhythmus und Orientierung und sind ein perfektes Teamtraining.

DER HOPSER: Der Hopserlauf, jedem noch aus der Kindheit bekannt, bringt nicht nur Abwechslung ins Nordic-Walking-Training, sondern ist, auf sanfte Weise ausgeführt, ein sehr gutes Koordinationstraining. Ganz nebenbei verbessert sich das Greifen und Loslassen ernorm.

DER SKATER: Skilangläufer kennen diese Technik vom Wintersport. Neben der besonders betonten Rumpfarbeit wird auch hier das Greifen und Loslassen verbessert. Der Rhythmus ist der gleiche wie beim Doppelstock-Zweierrhythmus. Umfang und Dynamik erhöhen sich jedoch. Bei jedem zweiten Schritt setzt der Doppelstock ein. Eine Variante ist das Skaten in der Diagonaltechnik. Diese Übung, regelmäßig über den Sommer trainiert, erleichtert den Einstieg in das winterliche Langlaufen enorm.

Kapitel 4

Sieben Bewegungstypen

VARIATIONEN DER NORDIC ALFA TECHNIK

Die in Kapitel 2 erläuterte Grundtechnik stellt das optimale Rezept für gesundes und gelenkfreundliches Ganzkörpertraining dar.
Im eleganten und harmonischen Bewegungsfluss sind Belastung und Trainingseffekt sehr ausgewogen. Je nach Anspruch und Situation verändert sich diese Technik.

Die Regler verstellen

Die Grundtechnik mit den ALFA-Merkmalen dient als bewährter Ausgangspunkt für das Erforschen einer Vielzahl neuer Bewegungsmöglichkeiten.
Das Spannende daran ist: Zum einen variiert die Technik je nach Situation und Geländegegebenheit, und zum anderen macht der Ausbruch aus der Eintönigkeit, die aktive und bewusste Steuerung der Bewegung einfach Spaß.
Dies ist im folgenden Kapitel anhand sieben beispielhafter Variationsmöglichkeiten bzw. Bewegungstypen dargestellt.

Das virtuelle »Mischpult« im Hirn, die Steuerzentrale der Bewegung, hat in diesem Beispiel sieben Regler:

1. Frequenz: von sehr langsam bis sehr schnell,
2. Bewegungsumfang: von klein bis sehr groß,
3. Intensität/Dynamik: von sehr niedrig bis sehr hoch,
4. Körperposition: von starker Rücklage bis zu starker Vorlage,
5. Fußbelastung: von der Fersen- zur Ballenbelastung,
6. Antrieb: von beinorientiert bis armorientiert,
7. Stockfunktion: vom Stützen bis zum Schieben.

Bei gut ausgeführter Nordic ALFA Technik und leichten äußeren Bedingungen, wie ebene Straßen oder befestigte Wege, stehen alle Regler auf Mitte (s. Schaubild). Die auftretenden Belastungen und die wirkenden Kräfte sind sehr ausgewogen. Je nach Kenntnissen und Gelände variiert die Reglerstellung.

Geländesituation: Straße, befestigte Wege ohne Anstieg
Zielgruppe: alle Nordic Walker

Die Nordic ALFA Technik in Standardsituationen: alle Regler auf Mitte

ALLGEMEINES SCHAUBILD

FREQUENZ	sehr schnell mittel sehr langsam
BEWEGUNGS-UMFANG	sehr groß mittel klein
INTENSITÄT DYNAMIK	sehr hoch mittel sehr niedrig
KÖRPER-POSITION	starke Vorlage aufrecht starke Rücklage
FUSS-BELASTUNG	nur Ballen gleichmäßig nur Ferse
ANTRIEB BEINE/ARME	nur Arme ausgewogen nur Beine
STOCKFUNKTION STÜTZ/SCHUB	nur Schieben ausgewogen nur Stützen

Die folgenden sieben Beispiele zeigen, wie variabel die Nordic ALFA Technik ist. Zum Teil verstellen sich die Regler, wenn sich der Nordic Walker ganz unbewusst auf veränderte äußere Bedingungen einstellt. Steigung oder Gefälle, tieferer Untergrund wie Sand, Gras oder auch Schnee fordern eine Anpassung der Technik. Aber der Nordic Walker kann diese Regler auch selbst verschieben, wenn er beispielsweise aktiv das Tempo erhöht, dynamischer geht, sich mehr Spielraum für Bewegungen lässt oder aber weniger Bewegungsumfang bzw. eine geringere Intensität wählt.

TIPP VON ANDREAS WILHELM

Das langfristige Ziel von Nordic Walking sollte es sein, die Stöcke in jeder Situation sicher und kontrolliert im Griff zu haben. Je nach körperlicher Verfassung und Könnenstand des Nordic Walkers können unterschiedliche Zielsetzungen in Bezug auf Gelände und Trainingsanspruch verfolgt werden. Nur wenn durch entsprechendes Training Nordic Walking irgendwann automatisiert ist, macht es richtig Spaß und bringt dann so ganz nebenbei den gewünschten Erfolg.

Variation 1

DIE EINSTEIGER

Die typischen Nordic-Walking-Einsteiger haben in der Regel zum ersten Mal die Stöcke in der Hand – und ihre liebe Mühe mit ihnen. Aber das ist ganz normal. Das Einstellen der Schlaufen lernen, die richtige Stocklänge herausfinden und dann die ersten Schritte in Kreuzkoordination mit Stöcken – jeder, der alleine ohne Anleitung angefangen hat, wird sich hier wiedererkennen. Für ihn ist das Vorgehen nach den sieben Steps eine nützliche Hilfe.
Jedoch auch Personen, die über gewisse Vorkenntnisse verfügen, fallen die ersten Schritte nicht leicht. Nach dem Motto »Hauptsache bewegt; irgendwie kriege ich das schon hin« geht es dann auf die Piste.

Einsteiger in Aktion

Der Einsteiger wählt ganz automatisch aus seiner Alltagsbewegung ein höheres Tempo, weniger Bewegungsumfang und geringere Intensität. Der Vortrieb geschieht beinorientiert, der Stock übernimmt mehr Stütz- als Schubfunktion. Das Greifen und Loslassen sowie die Schubphase nach hinten sind noch nicht trainiert.
Für viele Einsteiger gilt immer noch der Glaube »je besser, desto schneller«. Genau das Gegenteil ist der Fall.

DIE EINSTEIGER

KENNTNISSE:

Üblicherweise bringen Einsteiger geringe oder auch überhaupt keine Vorkenntnisse mit, wenn sie die ersten Nordic-Walking-Schritte wagen.

GELÄNDE:

Auf jeden Fall sind befestigte Wege in Parks oder Grünanlagen zu bevorzugen. Berge oder unwegsames Gelände kommen für Einsteiger (noch) nicht in Frage; das Walken auf Asphalt ist für sie nur bedingt zu empfehlen.

Erfahrungen aus der Praxis

Schnell kauft man sich Stöcke, die zu lang sind, geht dann mit steil eingesetztem Stock los und merkt sehr schnell, dass Nordic Walking nicht so einfach ist, wie es aussieht. Entweder festigt sich nach einiger Zeit dieses Muster, oder man entschließt sich doch für einen Kurs, um es endlich richtig zu lernen. Wenn sich falsche Gewohnheiten einschleifen, hat man zwar immer noch die Bewegung an der frischen Luft, jedoch bleibt dem Einsteiger dann das intensive Erleben verschlossen, das ein fortgeschrittener Nordic Walker mit guter Technik genießt. Auch zahlreiche gesundheitliche Aspekte bleiben auf der Strecke. Von denen wird zwar viel geschrieben und erzählt, jedoch braucht es einige Zeit unter kompetenter Anleitung, bis sie spürbar und nachvollziehbar werden.

Klappern gehört nicht zum Handwerk

Ein weiteres Merkmal für den Einsteiger ist das »Klappern«, da die Koordination mit Greifen und Loslassen am Anfang schwer fällt. Nicht selten sieht man bei Nordic Wal-

SCHAUBILD EINSTEIGER

FREQUENZ	sehr schnell mittel sehr langsam
BEWEGUNGS-UMFANG	sehr groß mittel klein
INTENSITÄT DYNAMIK	sehr hoch mittel sehr niedrig
KÖRPER-POSITION	starke Vorlage aufrecht starke Rücklage
FUSS-BELASTUNG	nur Ballen gleichmäßig nur Ferse
ANTRIEB BEINE/ARME	nur Arme ausgewogen nur Beine
STOCKFUNKTION STÜTZ/SCHUB	nur Schieben ausgewogen nur Stützen

kern, die schon seit zwei Jahren oder länger gehen, wie die Stockspitze immer noch in der Schwungphase unkontrolliert auf den Boden fällt. Anstatt mit wenig Aufwand diesen Zustand abzustellen, wird dann selbst auf Schotterwegen ein Asphaltpad als Schalldämpfer benutzt. Dadurch wird das Klappern zwar leiser, jedoch ist eine Schubphase überhaupt nicht mehr möglich.
Deshalb braucht ein Einsteiger viel Geduld mit sich und seinem Körper. Neben dem Greifen und Loslassen werden mit den Grundmerkmalen ALFA die besten Voraussetzungen für erfolgreiches und effektives Nordic Walking geschaffen.
Gerade die Einsteiger, die professionell angeleitet wurden, können sehr schnell Qualitätsunterschiede bei anderen Nordic Walkern erkennen. Hier ist freundliches Aufeinanderzugehen und Austauschen von nützlichen Tipps angesagt. Nur so ist es möglich, dass Nordic Walking von Anfang an sehr attraktiv dargestellt wird.
Und die Frage, wo man denn so toll Nordic Walken gelernt hat, hört sich viel besser an als die ganzen spöttischen Sprüche über verloren gegangene Ski ...

TIPP VON CHRISTIAN NEUREUTHER

Für einen Einsteiger empfehle ich, auf jeden Fall eine Kursreihe mit sechs bis zehn Einheiten zu buchen, um von Anfang an richtig dabei zu sein. Es ist sehr schwer, ganz alleine zur optimalen Technik zu finden. Außerdem macht das Lernen in der Gruppe sehr viel mehr Spaß und motiviert zum Weitermachen.
Fragen Sie nach einem DNV-Instructor, der nach der Nordic ALFA Technik und den sieben Steps unterrichtet. Sie werden sich gut aufgehoben fühlen. Übrigens: Stöcke können beim Instructor vor Ort getestet oder beim Sportartikelhändler ausgeliehen werden. Erst danach ist der Kauf eines Stockes zu empfehlen. Und: Hände weg von Billigprodukten und von Instructoren, die es sich selbst beigebracht haben. Haben Sie Geduld mit Ihrem Körper und genießen Sie jeden Lernfortschritt.

Variation 2

DIE FORTGESCHRITTENEN

Die Fortgeschrittenen haben schon einige Vorerfahrungen gesammelt, vielleicht auch bereits einen Einsteigerkurs besucht. Sie betreiben Nordic Walking regelmäßig ein- bis dreimal die Woche und sind begeistert von dieser Art der Bewegung. Sie suchen Gleichgesinnte für gemeinsame Märsche in der Natur.

Um sich zu verbessern, sind die Fortgeschrittenen ständig auf der Suche nach Tipps und Tricks. Sie hat das Nordic-Walking-Fieber gepackt.

Fortgeschrittene in Aktion

Der fortgeschrittene Nordic Walker hat in der Regel immer noch Mühe, langsam zu gehen. Deshalb läuft er noch ein wenig dem Ganzkörpertraining davon, was den Bewegungsumfang noch im mittleren Bereich hält. Er hat jedoch schon gelernt, mit mehr Dynamik zu gehen.

Durch eine nahezu aufrechte Körperhaltung und ein bewusstes gleichmäßiges Abrollen des Fußes schafft er es bereits, ausgewogen mit dem Einsatz von Armen und Beinen zu gehen.

Der Fortgeschrittene erreicht ein ausgewogenes Verhältnis zwischen Schieben und Stützen. Der Stock ist ihm ein lieb gewordenes Trainingsgerät.

DIE FORTGESCHRITTENEN

KENNTNISSE:

Zu den Fortgeschrittenen zählt, wer sich bereits durch eigene Versuche oder auch mit Hilfe eines Anfängerkurses erste grundlegende Kenntnisse erworben hat. Auch Erfahrungen mit Wanderstöcken oder dem Skilanglauf können eine entsprechende Grundlage sein.

GELÄNDE:

Befestigte Straßen und Wege, auch befestigte Bergwanderwege, bieten sich als Trainingsgelände für die Fortgeschrittenen an. Auch mit einem weichen Untergrund wie Sand oder Wiese werden sie zurechtkommen.

SCHAUBILD FORTGESCHRITTENE

FREQUENZ	sehr schnell mittel sehr langsam
BEWEGUNGS-UMFANG	sehr groß mittel klein
INTENSITÄT DYNAMIK	sehr hoch mittel sehr niedrig
KÖRPER-POSITION	starke Vorlage aufrecht starke Rücklage
FUSS-BELASTUNG	nur Ballen gleichmäßig nur Ferse
ANTRIEB BEINE/ARME	nur Arme ausgewogen nur Beine
STOCKFUNKTION STÜTZ/SCHUB	nur Schieben ausgewogen nur Stützen

Erfahrungen aus der Praxis

Der Typ des Fortgeschrittenen hat die Grundzüge der ALFA-Technik im Griff und ist am Scheideweg angekommen, an dem er sich entscheiden muss, seine Technik weiter verbessern zu wollen oder sich mit dem Erreichten zu begnügen. Alleine fällt es in diesem Stadium schwer, sich zu verbessern. Das Greifen und Loslassen funktioniert je nach Tagesform mal besser, mal weniger gut. Er ist mit seiner Aufrichtung zwar zufrieden, jedoch noch nicht ganz glücklich, denn er weiß, es geht noch mehr. Er kann die Bewegungsmuster abrufen, sie sind jedoch noch nicht automatisiert. Auf diesem Level erfährt er schon sehr viele positive Reaktionen seines Körpers. Manche haben die ersten Pfunde hinter sich gelassen; so gestärkt, ist der Alltag leichter zu bewältigen. Die positive Stimmung in der Gruppe überträgt sich aufs Privat- und Berufsleben. Neue Freundschaften haben sich entwickelt.

Fortgeschrittene beginnen, auch andere von dieser genialen Art der Fortbewegung zu überzeugen. Nicht nur eine bessere Technik, sondern vor allem der Spaß in der Gruppe motiviert viele Fortgeschrittene, sich zum Könner weiterzuentwickeln.

TIPP VON CHRISTIAN NEUREUTHER

Wenn Sie sich zu dieser Zielgruppe zählen und die einzelnen Bewegungsmerkmale der Nordic ALFA Technik abrufen können, ist der Weg zum Könner nicht mehr weit. Falls Sie zwar schon einige Zeit unterwegs sind, sich in Ihrer Bewegung wohl fühlen und dennoch einige Entwicklungsfelder bei sich entdecken, können ein paar Kurseinheiten nicht schaden. Aus unserer Erfahrung steigen sehr viele Nordic Walker bei dieser Stufe aus dem Kurs beim Instructor aus. Alle Bewegungsmerkmale sind irgendwie da, aber ... Sie werden verblüfft sein, wie sich gerade in diesem Stadium eine Technikverbesserung auf Ihr Wohlbefinden auswirkt. Also: Viel Spaß auf dem Weg zum Könner!

Variation 3

DIE KÖNNER

Die zu diesem Variationstyp Gehörenden hat es gepackt. Der Könner liebt Nordic Walking. Zu diesem Stand seines Könnens ist er über zahlreiche Kurse und Seminare gekommen. Wenn er es schnell bis hierhin geschafft hat, kann er meistens auf eine sportliche Vergangenheit zurückblicken.

Nicht selten reift zu diesem Zeitpunkt die Überlegung, Nordic Walking auch vermitteln zu wollen. Eine Ausbildung zur ersten Lizenzstufe (DNV Nordic Walking Basic Instructor) wird in Erwägung gezogen. Für alle Könner ist sicher, dass die komplexe Technik ohne Einführungskurs nur halb so viel Spaß macht.

Könner in Aktion

Der Könner wählt für seine Bewegung eine mittlere Frequenz. Nur so ist es möglich, bei entsprechendem Armschub den Bewegungsumfang zu vergrößern. Er kann mit mehr Kraft die Schubbewegung ausführen und somit eine ausgewogene Schub- und Stützfunktion der Stöcke erreichen.

Aus allen Gelenken von Fuß bis Kopf ist der Könner aufgerichtet und rollt kontrolliert und gleichmäßig über den gesamten Fuß ab. Sein Antrieb ist optimal auf Beine und

DIE KÖNNER

KENNTNISSE:

Mehrere Nordic-Walking-Kurse und -Seminare haben zu umfangreichen Kenntnissen geführt. Die Könner beherrschen eine sichere Nordic ALFA Technik.

GELÄNDE:

Für den Könner kommen alle Arten von befestigten und unbefestigten Wegen, Straßen und Wanderwegen in Frage. Sie walken über Wiesen und Felder, und sie kommen auch mit einem schwierigen Untergrund, etwa Sand oder Schnee, hervorragend zurecht.

Arme verteilt. Dieser Nordic Walker widmet sich fast beiläufig im Training seinem Oberkörper.

Erfahrungen aus der Praxis

Die Technik sitzt. Der Könner weiß, was hinter Nordic Walking steckt. Er erinnert sich an sein erstes Mal. Hat vielleicht sogar noch ein Video davon, eine amüsante Erinnerung an die Zeit, in der die ersten Schritte noch schwer fielen und er so manches Mal versucht war, seine Bemühungen aufzugeben und die Stöcke für immer hinzuschmeißen.

SCHAUBILD DIE KÖNNER

FREQUENZ	sehr schnell mittel sehr langsam
BEWEGUNGS-UMFANG	sehr groß mittel klein
INTENSITÄT DYNAMIK	sehr hoch mittel sehr niedrig
KÖRPER-POSITION	starke Vorlage aufrecht starke Rücklage
FUSS-BELASTUNG	nur Ballen gleichmäßig nur Ferse
ANTRIEB BEINE/ARME	nur Arme ausgewogen nur Beine
STOCKFUNKTION STÜTZ/SCHUB	nur Schieben ausgewogen nur Stützen

TIPP VON CHRISTIAN NEUREUTHER

Herzlichen Glückwunsch, wenn Sie zu dieser Klasse gehören! Ab jetzt kennt die Bewegung keine Grenzen mehr. Wenn Sie es über einige Kurseinheiten bis hierhin geschafft haben, werden Sie in diesem Buch bestimmt noch einige Schlüsselstellen finden, die Sie erst jetzt richtig verstehen.
Was im Volksmund am Ball bleiben bedeutet, bezieht sich hier auf den Stock. Nach dem Motto »An die Stöcke ... fertig ... los« wird's jetzt noch abwechslungsreicher. Wer Adressen für Kurse und Ausbildungen sucht, wird am Ende des Buches fündig.

Auch wenn er anfangs an der Philosophie des Nordic Walking etwas gezweifelt hat – jetzt kennt er sich mit allen Details der Bewegung aus. Die ALFA-Merkmale sind ihm in Fleisch und Blut übergegangen. Er kennt mittlerweile alle Bücher und Zeitschriften auf dem Markt, seine Stöcke sind zentimetergenau auf seine Körpergröße zugeschnitten. Er ist auf allen Veranstaltungen zu sehen und sucht ständig nach neuen Herausforderungen. Auch im Urlaub sind die Stöcke seine ständigen Wegbegleiter.

Variation 4

DIE SPORTIVEN

Ein sportiver Nordic Walker setzt auf Abwechslung. Ihm ist das herkömmliche Nordic Walking mit zu wenig Dynamik verbunden. Nachdem er in Kurseinheiten die ALFA-Technik erlernt und gefestigt hat, strebt er nach neuen Zielen. Er möchte sich in höherem Tempo bewegen. Meistens ist er Läufer oder betreibt einige weitere Sportarten. Ansonsten nutzt er Nordic Walking zur Regeneration, zur Kräftigung vernachlässigter Muskelgruppen oder, um nach Verletzungen wieder fit zu werden.

Sportive in Aktion

Frequenz, Bewegungsumfang und Intensität sind hoch bis maximal. Je schneller es wird, desto mehr neigt sich der aufgerichtete Körper nach vorn. Die Fersenbelastung nimmt ab und die Armarbeit ist je nach Tempo stärker oder schwächer. Der Stock schiebt mehr, um den Abdruck vom Boden in die Flugphase zu unterstützen.

Erfahrungen aus der Praxis

Das Herz-Kreislauf-System wird durch das Laufen mit Stöcken stärker beansprucht, die Pause ist früher fällig. Mit Intervallen lassen sich Nordic Walking und Running ideal verbinden. Gerade ambitionierte Läufer setzen

DIE SPORTIVEN

KENNTNISSE:
Eine jederzeit sichere Nordic ALFA Technik kann bei den Sportiven immer vorausgesetzt werden, ebenso das Beherrschen verschiedener Technikvarianten.

GELÄNDE:
Alle Arten von befestigten und unbefestigten Wegen und Straßen kann der Sportive für sein Training nutzen. Ob harter oder weicher Untergrund – er kommt aufgrund seiner guten Technik mit nahezu jedem Gelände ohne Weiteres zurecht.

auf variantenreiches Nordic Walking. Doch bevor in dieser Bewegungsform trainiert werden kann, sind die Voraussetzungen zu schaffen. Nur mit einer gut antrainierten Nordic ALFA Technik lässt sich ein harmonisches Laufen gestalten. Der Bewegungsfluss soll schließlich durch die Stöcke unterstützt und nicht gestört werden.

TIPP VON CHRISTIAN NEUREUTHER

Eine sinnvolle Trainingsergänzung für Fitnessorientierte kann beispielsweise der Einbau kurzer Running-Einheiten, der Wechsel zwischen Belastung und Erholung sein. Unser Sohn Felix nutzt diese Möglichkeit des Nordic Walking im Sommertraining als Vorbereitung auf den alpinen Weltcup. Damit bringt er mehr Abwechslung in sein Training und stärkt ganz nebenbei die fürs Skifahren so wichtige Rumpfmuskulatur. Bringen auch Sie mit Nordic Running mehr Vielfalt in Ihr wöchentliches Nordic-Walking-Training!
Aber auch z. B. Tennisspieler, Fußballer, Läufer und Radfahrer haben Nordic Walking bzw. diese sportliche Variante – Nordic Running – zur Verbesserung ihrer konditionellen Fähigkeiten bereits für sich entdeckt. Spätestens bei dieser Variante wird klar, dass Nordic Walking mehr als nur Gehen mit Stöcken ist.

SCHAUBILD DIE SPORTIVEN

FREQUENZ	sehr schnell mittel sehr langsam
BEWEGUNGS-UMFANG	sehr groß mittel klein
INTENSITÄT DYNAMIK	sehr hoch mittel sehr niedrig
KÖRPER-POSITION	starke Vorlage aufrecht starke Rücklage
FUSS-BELASTUNG	nur Ballen gleichmäßig nur Ferse
ANTRIEB BEINE/ARME	nur Arme ausgewogen nur Beine
STOCKFUNKTION STÜTZ/SCHUB	nur Schieben ausgewogen nur Stützen

Auch bei Nordic Running sollte der Anspruch auf funktionelle Bewegung nicht außer Acht gelassen werden. Es geht hier nicht einfach nur um Rennen mit Stöcken, sondern auch bei der sehr sportlichen Version werden das Aufrichten und die aktive Fußarbeit ständig mit in das Training integriert. Das Besondere daran: Der Körper erfährt durch dieses an die Grenzen der Bewegungsumfänge gehende Training Effekte, die ihm bei anderen Sportarten zugute kommen. Nordic Running biete somit nicht nur Abwechslung zu anderen Bewegungsmustern, sondern wird auch höheren Ansprüchen an die Kondition gerecht.

Variation 5

DIE ALPINISTEN – BERGAUF

Der Alpinist kommt in der Regel schon vom Bergwandern, hat sich Nordic Walking in Kursen angeeignet oder geht selbst nach eigener Vorstellung mit den Stöcken um. Er liebt die Natur und kann auch mal sehr gut mit sich und der Bergwelt alleine sein. Er ist ein Genießer.
Mit langsamen ausdauernden Bewegungen schraubt er sich den Berg hoch. Der Weg ist für ihn das Ziel. Oben angekommen, lässt er seinen Blick erhaben über die Täler schweifen. Bevor es wieder runtergeht, gibt's erst einmal eine Brotzeit. Er lässt sich durch nichts aus der Ruhe bringen.

Alpinisten bergauf in Aktion

Je steiler es wird, desto mehr verschieben sich die einzelnen Regler. Mit zunehmender Steigung nehmen Frequenz und Bewegungsumfang ab, Intensität und Dynamik nehmen zu. Die Arme treiben etwas mehr an, die Stöcke werden vermehrt schiebend eingesetzt. Die Körperposition ist angepasst und leicht nach vorn geneigt. Die Brustwirbelsäule bleibt dennoch aufgerichtet. Die Fußbelastung wandert in Richtung Fußballen – je steiler, desto kürzer die Schritte und desto intensiver die Schubbewegung.

DIE ALPINISTEN

KENNTNISSE:
Alpinisten walken in jeder Situation kontrolliert und setzen mit größter Sicherheit ihre Stöcke ein. Eine solide Beherrschung der Nordic ALFA Technik ist bei ihnen eine selbstverständliche Voraussetzung.

GELÄNDE:
Befestigte und unbefestigte Wanderwege und Pfade nutzen die Alpinisten ebenso gern wie Berglandschaften aller Art. Auch abseits von Wegen walken sie mit größter Sicherheit und gehen auch gern einmal querfeldein.

SCHAUBILD ALPINISTEN BERGAUF

FREQUENZ	sehr schnell mittel sehr langsam ◄
BEWEGUNGS-UMFANG	sehr groß mittel klein ◄
INTENSITÄT DYNAMIK	sehr hoch ◄ mittel sehr niedrig
KÖRPER-POSITION	starke Vorlage ◄ aufrecht starke Rücklage
FUSS-BELASTUNG	nur Ballen ◄ gleichmäßig nur Ferse
ANTRIEB BEINE/ARME	nur Arme ◄ ausgewogen nur Beine
STOCKFUNKTION STÜTZ/SCHUB	nur Schieben ◄ ausgewogen nur Stützen

Erfahrungen aus der Praxis

Schaut man sich die Bergauf-Technik genauer an, kann man schnell erkennen, wie sich die Bewegungsmerkmale der Nordic ALFA Technik leicht verändern. Eine Variation beim Bergaufgehen stellt neben der Diagonaltechnik der Einsatz beider Stöcke gleichzeitig dar. Das Umstellen auf Doppelstocktechnik gibt teilweise mehr Sicherheit und Halt. Bei sehr steilem Gelände ist sie ein absolutes Muss. Aber auch nicht so versierten Nordic Walkern ist sie eine willkommene Abwechslung zur komplexen Diagonaltechnik. Die meisten Menschen, die man mit Stöcken in den Bergen sieht, verwenden sie bestenfalls als Stütze. Dabei ist der Nordic-Walking-Stock ein ideales Trainingsgerät für die Berge.

Variante mit Doppelstockeinsatz

TIPP VON CHRISTIAN NEUREUTHER

Wer als Einsteiger vom Gelände her die Möglichkeit hat, leicht bergauf zu gehen, erfährt sehr schnell die Schubfunktion des Stockes. Da Rosi und ich die Berge direkt vor der Haustür haben, passt die Bezeichnung »Alpine Nordic Walker« exakt auf uns. Wir selbst sind so oft es geht mit Nordic-Walking-Stöcken in den Bergen unterwegs. Fürs normale Bergwandern wird der Siegeszug des Nordic-Walking-Stocks nicht mehr aufzuhalten sein.

Variation 6

DIE ALPINISTEN – BERGAB

Der Typ Alpinist wurde bereits beim Beraufgehen beschrieben. Mit der gleichen Ruhe wie zum Gipfel bewegt er sich nun wieder talwärts. Er ist in der Lage, die Stöcke stets funktionell einzusetzen, um die gewünschte Stützwirkung bergab zu erzielen.

Alpinisten bergab in Aktion

Mit dem Gefälle steigt die Belastung der Gelenke. Der Stock kann daher eine wohltuende Stütze sein. Der Körper nimmt mit leichter Tendenz zur Rücklage eine defensive, jedoch weiterhin aufrechte Haltung ein. Je steiler es bergab geht, desto stärker liegt die Belastung auf der Ferse. Der Fuß hat nun noch mehr die Aufgabe, kontrolliert abzurollen. Solange es vom Gefälle her geht, wird zwar mit kürzeren Schritten, jedoch aufrecht mit langem Arm und flachem Stock talwärts geschoben. Die Körperhaltung und der Gebrauch der Stöcke ändern sich je nach Gefälle, Bodenbeschaffenheit und Schuhmaterial.

Erfahrungen aus der Praxis

Die Nordic ALFA Technik findet auch hier Anwendung. Geschickt einige Regler verschoben, und schon geht es funktionell bergab. Auch hier bieten sich je nach Gefälle ver-

DIE ALPINISTEN

KENNTNISSE:

Alpinisten walken in jeder Situation kontrolliert und setzen mit größter Sicherheit ihre Stöcke ein. Eine solide Beherrschung der Nordic ALFA Technik ist bei ihnen eine selbstverständliche Voraussetzung.

GELÄNDE:

Befestigte und unbefestigte Wanderwege und Pfade nutzen die Alpinisten ebenso gern wie Berglandschaften aller Art. Auch abseits von Wegen walken sie mit größter Sicherheit und gehen auch gern einmal querfeldein.

SCHAUBILD ALPINISTEN BERGAB

FREQUENZ	sehr schnell ▶ mittel sehr langsam
BEWEGUNGS-UMFANG	sehr groß mittel ▶ klein
INTENSITÄT DYNAMIK	sehr hoch mittel ▶ sehr niedrig
KÖRPER-POSITION	starke Vorlage aufrecht ▶ starke Rücklage
FUSS-BELASTUNG	nur Ballen gleichmäßig ▶ nur Ferse
ANTRIEB BEINE/ARME	nur Arme ausgewogen ▶ nur Beine
STOCKFUNKTION STÜTZ/SCHUB	nur Schieben ausgewogen ▶ nur Stützen

Variante mit Doppelstockeinsatz

schiedene Technikvarianten an. Neben der Diagonaltechnik, die bis zu einem gewissen Gefälle sogar noch ein Schieben bergab zulässt, ist auch hier der Doppelstockeinsatz möglich. Er dient nicht nur zur Abwechslung. Der Einsatz beider Stöcke gleichzeitig ist sicherlich unausweichlich, wenn es zu steil wird und die Stützfunktion des Stockes gefordert ist.

TIPP VON CHRISTIAN NEUREUTHER

Wer in den Bergen unterwegs ist, sollte für alle Wetterbedingungen gerüstet sein. Gerade beim Bergabgehen kommt es auf ausgezeichnetes Schuhwerk an. Wir sehen vor unserer Haustür jeden Tag so genannte Bergtouristen, die mit Sandalen vom Berg kommen. Eine Voraussetzung, um gelenkfreundlich bergab zu gehen, ist neben dem Schuhwerk der richtige Einsatz der Stöcke. Hier sind viele mit ihren Wanderstöcken schlichtweg überfordert.
Und noch eines: Wenn Sie in den Bergen unterwegs sind, machen Sie Pausen, um die Einzigartigkeit der Natur zu genießen.

Variation 7

DIE VIELSEITIGEN

Diese Alleskönner haben in der Regel schon sehr viele Nordic-Walking-Stunden in ihren Armen und Beinen, entweder in etlichen Kursen gelernt oder als gute Allroundsportler nach einer professionellen Einführung alles Erlernte in verschiedensten Situationen umgesetzt. Der Vielseitige ist häufig Autodidakt in Bezug auf motorisches Lernen. Visuell nimmt er Bewegungen auf und setzt sie in kürzester Zeit um. Er verfügt über eine sehr gute Koordinationsfähigkeit.

Vielseitige in Aktion

Der vielseitige Nordic Walker deckt mit seinem Können die komplette Bandbreite an Bewegungsmustern ab.

Er bewegt sich von langsam bis schnell, kann die Bewegungsumfänge variieren. Die Antriebsart der Fortbewegung zu wechseln fällt ihm leicht.

Hinsichtlich der Schwierigkeit des Geländes liebt er die Abwechslung. Der Vielseitige schafft es immer, mit entsprechender Dynamik die ALFA-Technik umzusetzen, die er mühelos beherrscht. Der Körper geht mit der Bewegung mit.

Ob der Stock nur stützend oder auch schiebend eingesetzt wird – der Vielseitige beherrscht alles.

DIE VIELSEITIGEN

KENNTNISSE:

Kontrolle und Sicherheit mit den Stöcken in jeder Situation sind bei den Vielseitigen ebenso vorauszusetzen wie eine sichere Nordic ALFA Technik und eine ebenso sichere Beherrschung der Technikvarianten in jedem Gelände. Vor allem der variable Einsatz der verschiedenen Techniken zeichnet die Vielseitigen aus.

GELÄNDE:

Entsprechend der soliden Kenntnisse fühlen sich die Vielseitigen in jedem Gelände zu Hause; die Natur ist ihr Spielplatz. Ob Straßen, Waldboden, Felder, Berge, Strand oder Schnee – je abwechslungsreicher, desto lieber.

SCHAUBILD DIE VIELSEITIGEN

FREQUENZ	sehr schnell mittel sehr langsam
BEWEGUNGS-UMFANG	sehr groß mittel klein
INTENSITÄT DYNAMIK	sehr hoch mittel sehr niedrig
KÖRPER-POSITION	starke Vorlage aufrecht starke Rücklage
FUSS-BELASTUNG	nur Ballen gleichmäßig nur Ferse
ANTRIEB BEINE/ARME	nur Arme ausgewogen nur Beine
STOCKFUNKTION STÜTZ/SCHUB	nur Schieben ausgewogen nur Stützen

Erfahrungen aus der Praxis

Natur pur: Querfeldeingehen auf wechselndem Untergrund, auf Wiesen, Waldböden am Strand, barfuß oder mit Schuhen, aber auch im Winter durch den Schnee. Je tiefer der Untergrund, desto langsamer das Tempo und desto höher die Intensität. Beugen der Knie (Storchengang) ist hier eine natürliche Reaktion, die einen runden, flüssigen Bewegungsablauf aber keineswegs ausschließt. Die Folge ist, dass die Beine verstärkt für Vortrieb sorgen und die Stöcke etwas mehr Stützfunktion übernehmen. Der Vielseitige liebt es aber auch, im Gelände zu springen und verschiedene Techniken einzusetzen. Wenn man das Schaubild betrachtet, sieht man, dass dieser Bewegungstyp die gesamte Bandbreite abdeckt. Ihm ist es gleich, in welcher Frequenz, mit welchem Bewegungsumfang oder mit welcher Intensität und Dynamik er sich fortbewegt. Er ist in der Lage, sich und seine Technik jeder Situation funktionell anzupassen. Nicht nur das sichere Beherrschen der Stöcke – nein, diese Nordic Walker haben ihren gesamten Körper im Griff.
Alleine schon ihre Ausrüstung lässt auf Vielseitigkeit schließen. Oft ist die Garage gefüllt mit Trainingsgeräten. So finden sich dort auch Inlineskates mit speziellen Stöcken zum Nordic Inlineskaten, Langlaufski und Schneeschuhe für das Nordic-Winterprogramm. Sie sind für alle vier Jahreszeiten gerüstet – 365 Tagen Nordic Fitness steht nichts im Weg.

TIPP VON CHRISTIAN NEUREUTHER

Einem so gut ausgebildeten Nordic Walker kann selbst ich als ehemaliger Leistungssportler nicht mehr viel empfehlen. Vielleicht auch mal in die anderen Nordic-Fitness-Sportarten reinschnuppern, wie Langlaufen oder Nordic Inlineskaten. Für alle nicht so talentierten Nordic Walker nur so viel:
Die hier beschriebene Vielseitigkeit lässt sich in gewissem Maße auch später noch antrainieren. Voraussetzung ist, auch aktiv immer wechselnde Situationen zu suchen.

Kapitel 5

Sport und Spaß zu jeder Zeit

24/7 – NORDIC WALKING GEHT IMMER UND ÜBERALL

24/7 – Twentyfour-Seven – ist eine in den USA gebräuchliche Formel für den uneingeschränkten Rund-um-die-Uhr-Service. 24 Stunden, sieben Tage die Woche, was für Tankstellen und Supermärkte gilt, das gilt auch für Nordic Walking.
Der Fitnessraum »Natur« hat immer geöffnet: Nordic Walking geht immer und überall.

Unabhängig von Zeit und Wetter

Ziel eines jeden Nordic Walkers ist es, die gesamte Bandbreite dieser Sportart nutzen zu können. Nordic Walking geht eben auf jedem Untergrund, in jedem Gelände, zu jeder Jahreszeit, bei jedem Wetter und zu jeder Tageszeit.
Andere Sportarten sind da wesentlich eingeschränkter. Der Tennisspieler braucht einen Tennisplatz, der Golfer seine spezielle Wiese, der Schwimmer sein geliebtes Schwimmbad oder den See, der Langläufer seine Loipe, und sogar der Läufer ist bei bestimmten Witterungsverhältnissen und Bodenbeschaffenheiten in seinem Sport eingeschränkt. – Wie schön, dass Nordic Walking von alldem völlig unabhängig ist!

Die folgenden Beispiele verdeutlichen dies:
Nordic Street Walking: In der Stadt beziehungsweise ganz allgemein auf asphaltierten Wegen.
Nordic Country Walking: Abseits von Großstadtgetümmel und der damit verbundenen Reizüberflutung.
Nordic High Walking: Bergauf, bergab und vor allem in Höhenlagen oberhalb von 1000 Metern.
Nordic Beach Walking: Am Strand, barfuß – ein Erlebnis für die Sinne.
Nordic Winter Walking: In der kalten Jahreszeit, und mit Vergnügen auch auf schneebedeckten Wegen.
Nordic Night Walking: In der Gruppe die Romantik der Nacht genießen.
Nordic Indoor Fitness: Für alle, die ihr geliebtes Fitnessstudio nicht verlassen möchten.

Nordic Street Walking

Nordic Walking in der Stadt bzw. auf asphaltierten Wegen ist teilweise nicht vermeidbar, bietet jedoch die Chance, direkt von der Haustür loszustarten. Die direkte Umgebung mal anders erleben, zu Fuß mit Stöcken Wege gehen, die man vielleicht seit Jahren nicht mehr gegangen ist. Ist es nicht einfach, mal schnell beim Nachbarn zu läuten und mit ihm eine Nordic-Walking-Runde ums Haus zu drehen?

Ausrüstung

Asphaltpads und für Asphalt geeignete Nordic-Walking-Schuhe sind hier als Erstes zu nennen. Auch wenn viele Nordic Walker auch auf Asphalt lieber ohne Pads gehen – für die Nicht-Walker ist das oft ein Anlass, über die »Stockklapperer« zu schimpfen. Die Lösung ist so einfach. Mit ein paar Kurseinheiten unter fachlicher Anleitung lässt sich das lästige Stockfallen und Klappern schnell abstellen.

Nordic Walking in der Stadt, eine interessante neue Erfahrung

Technik

Nordic Street Walking bedeutet störungsfreies Gehen, keine großen Unebenheiten beim Untergrund. Ein optimaler kontrollierter Stockeinsatz fällt vielen Nordic Walkern auf Asphalt schwerer als auf griffigen Waldwegen. Aber nicht ärgern, sondern es als willkommene Trainingsgelegenheit betrachten. Wenn der Stock auf Asphalt greift, ist das ein Zeichen für eine gute Technik.
Die kontrollierte Fußarbeit sollte sehr aktiv sein, was das sanfte Abrollen des Fußes betrifft. Dem harten Boden wirkt zwar auch das Dämpfungssystem des Schuhs entgegen, aber die beste Federung ist immer noch der Bewegungsapparat mit seinen Muskeln, Sehnen und Gelenken. Ihre Knorpel und Bandscheiben werden Ihnen das kontrollierte Abrollen des Fußes und einen großzügigen Stockeinsatz danken.

Ein Blick in die Zukunft

Vielleicht wird es schon bald gang und gäbe sein, geführte Stadtbesichtigungen mit Stöcken zu machen. »Mit Nordic Walking durch die beliebtesten Stadtviertel« könnte ein Slogan des Tourismusverbandes heißen.
Schon jetzt etablieren sich immer mehr Treffs für Nordic Walker, vor allem nach dem Training in der Gruppe, Nordic-Walking-Stammtische mit Wirten, die diese Gäste zu schätzen wissen. Der so genannte »Einkehrschub« wird von vielen Nordic Walkern mittlerweile gerne wahrgenommen. Oder einfach den Rucksack auf und den Weg zum Bäcker oder Supermarkt mit Nordic Walking zurücklegen. Gibt es eigentlich schon spezielle Stockständer in Läden und Kneipen,

wo ich meinen Stock abstellen und abschließen kann? Ist es möglich, mit dem Kleinkind im Tragetuch und Stöcken in der Hand das Haus zu verlassen, um ein paar Besorgungen zu erledigen oder bewusst mit Kind zum Nordic-Walking-Treff zu gehen?
Wer diese und andere Fragen beantwortet haben möchte, sollte es vielleicht einfach einmal ausprobieren. Viel Spaß dabei!

Nordic Country Walking

Bewegung an der frischen Luft, jedoch vor allem abseits von Großstadtgetümmel und Reizüberflutung. Auf befestigten Wegen, aber auch beim Laufen durch Wiesen, Felder und Auen die Natur von ihrer schönsten Seite erleben.

Ausrüstung

Den Stöcken wird hier nichts Besonderes abverlangt. Der Schuh sollte jedoch so konzipiert sein, dass er allen Bedingungen gerecht wird. Es gibt mittlerweile Schuhhersteller, die spezielle Modelle für den Bereich Nordic Country Walking anbieten.

Technik

Für den Nordic Walker steht hier die Umstellungsfähigkeit oder Anpassungsfähigkeit im Vordergrund. Wechselnde Bedingungen vom Gelände und Boden verlangen ein variables Umgehen mit den Bewegungsmerkmalen der Nordic ALFA Technik. Wenn die Möglichkeit dazu besteht, ruhig öfters die Spur wechseln und verschiedene Untergründe für aktive Fuß- und Armarbeit nutzen.

Anregungen

Nordic Country Walking bietet die Möglichkeit, die Natur einmal anders zu erleben, sie mit allen Sinnen wahrzunehmen. Riechen, Schmecken, Hören, Fühlen und Sehen kommen hier gleichermaßen zur Geltung. Nordic Walking kann zur persönlichen Entdeckungsreise werden, wenn alle Sinneskanäle auch auf Empfang stehen. Ob alleine oder organisiert in einer Gruppe mit Instructor, die Natur hält all ihre Kostbarkeiten für den Nordic Walker bereit.
Ein organisierter Orientierungslauf mit Nordic Walking verspricht neben der Schulung dieser besagten Fähigkeit noch Spannung und Abenteuergefühl.
Oder wie wäre es mit einem Nordic-Walking-Picknick im Grünen? Ein paar Leckereien in den Rucksack, die Stöcke in die Hände, und schon geht's mit Freunden oder der Familie hinaus in die Natur.
Nordic Walking kann so viel mehr sein als Techniktraining und Konditionssteigerung.

Nordic High Walking

Nordic Walking in den Bergen, bergauf, bergab oder in Höhenlagen von über 1000 Metern – die vielleicht attraktivste Form des Bergwanderns. An das Herz-Kreislauf-System und auch an das Material sind höhere Anforderungen gestellt. Aber keine Angst – beim Nordic High Walking ist von sanften Touren die Rede, nicht von Klettertouren mit Seil und Haken. Wer auf Nummer sicher gehen will, sollte sich einem ortskundigen Bergführer oder Wanderführer bzw. einem Instructor anschließen.

Ausrüstung

Die Nordic-Walking-Schuhe sollten für das Wandern in den Bergen entsprechendes Sohlenprofil haben und die Füße bei jedem Wetter schützen. Bei geführten Touren bestehen Berg- und Wanderführer teilweise auf knöchelhohes Schuhwerk. Der Herzfrequenzmesser sollte gerade bei Einsteigern nicht fehlen. Ein Trinkrucksack mit etwas Stauraum, z. B. für eine Regenjacke, gehört ebenfalls dazu.
Es muss nicht unbedingt ein verstellbarer Nordic-Walking-Stock sein. Dafür aber ist eine gute Spitze, die in jeder Situation Halt bietet, von großer Bedeutung.

Technik

Die Technik des Nordic Walkens bergauf und bergab ist ausführlich in Kapitel 4 beim »Alpinisten« beschrieben. Auch hier geht es um die Fähigkeit, die Technik an unterschiedliches Gelände funktionell anzupassen. Gelingt dies, ist Nordic Walking in den Bergen eine perfekte Art der Fortbewegung.

Herz-Kreislauf-System

Ob bergauf und bergab oder auf der Ebene bei 1000 Metern und höher – das Herz schlägt im wahrsten Sinne des Wortes beim Nordic High Walking »höher«. So ist zwar auf der einen Seite Vorsicht vor Überanstrengung geboten, jedoch kann das Training in höheren Lagen durchaus Vorteile bieten.
Hier ist die Luft »dünner«, weshalb der Körper angesichts der Bewegungsanstrengung vermehrt Sauerstoff aufnehmen muss. Dadurch wird die Produktion von roten Blutkörperchen angeregt. Schon nach einigen Tagen machen sich diese Anpassungserscheinungen bemerkbar.
Leistungssportler nutzen ein solches Höhentraining oft zur Verbesserung ihrer Ausdau-

erleistung. Wiedereinsteigern in den Sport ist auf jeden Fall zu empfehlen, mit Herzfrequenzmesser zu trainieren, um sicherzugehen, dass die Belastung in vernünftigen Grenzen bleibt.

Psyche

Nordic Walking in den Bergen macht den Kopf frei, der Blick kann zum Horizont schweifen, die eingeatmete dünnere Höhenluft fühlt sich weich und angenehm an. Ob allein oder in der Gruppe – hier findet die Seele für eine Weile Ruhe und Entspannung.

Nordic Beach Walking

Nordic Walking am Strand – barfuß oder mit Schuhwerk die Leichtigkeit des Seins erfühlen. Die beruhigende Wirkung des Wassers tut ihr Übriges.

Ausrüstung

Eine günstige Art des Nordic Walking: Es sind nicht einmal unbedingt Schuhe dafür erforderlich. Sinnvoll können aber zum Beispiel Teller am Stock sein, damit gerade bei weichem Sand der Stock nicht zu tief einsinkt. Verstellbare Nordic-Walking-Stöcke können die Unebenheiten des Bodens sehr gut ausgleichen.

Technik

Auch hier ändern sich die Bewegungsmerkmale der Nordic ALFA Technik ein wenig und sollten angepasst werden.

Bei tiefem Sand wird die Schubphase etwas kürzer ausfallen, da mehr Widerstand zu überwinden ist. Entsprechend verhält es sich dann auch mit dem Bewegungsausmaß der Beine.

Nordic Beach Walking verspricht ein perfektes Fußmuskeltraining. Einmal ausgiebig barfuß am Strand mit Stöcken gewesen, will keiner mehr die Schuhe wieder anziehen. Das Erstaunliche: Nach einem Nordic Beach Walking geht es sich auch im Alltag wieder spürbar leichter. Und bitte das Aufrichten auch im täglichen Leben nicht vernachlässigen.

Psyche und Gesundheit

Je nach Beschaffenheit des Strandes mal mit, mal ohne Schuhe gehen, das wohlige Gefühl nach einem Barfußlauf genießen, eigene Spuren im Sand hinterlassen ... Die Füße erinnern sich oft noch nach Tagen an das Barfußgehen am Strand.

Die unglaubliche Anziehungskraft des Wassers erleben; gerade wenn die Gezeiten noch im Spiel sind, wird dieses Erlebnis besonders intensiv sein.

Die beruhigende Wirkung des Wassers genießen heißt zugleich auch Abschalten von Alltagssorgen.

Jedoch soll auch die gesundheitliche Wirkung des Wassertretens, wie Pfarrer Kneipp es bereits vor mehr als hundert Jahren empfohlen hat, beim Nordic Walking nicht zu kurz kommen.

Auch mit Schuhen macht Nordic Walking am Strand sehr viel Spaß. Und mit ein wenig Sand in den Schuhen können wir uns auch noch zu Hause an den letzten Spaziergang am Strand erinnern ...

Nordic Winter Walking

Training in der kalten Jahreszeit, vielleicht sogar auf schneebedeckten Wegen ... Das sanfte Winterfitnessprogramm ist auch ein ideales Training für Golfer, die wieder fit in die nächste Saison starten möchten. Auch Triathleten und Läufer greifen gern zu den Stöcken, wenn ihr übliches Lauftraining witterungsbedingt nicht mehr möglich ist.

Ausrüstung

Handschuhe, Mütze, Trinksystem für warmes Getränk, Unterwäsche, wasserfestes Schuhwerk, wetterfeste Bekleidung, spezielle Schuhe bzw. Spikes für schneebedeckte oder glatte Wege. Mit einem Herzfrequenzmesser kann das Training in der kalten Jahreszeit sehr gut gesteuert werden.

Technik

Beim Nordic Winter Walking ist es ähnlich wie beim Walken am Strand. Die Füße müssen aktiv arbeiten, vor allem, wenn die Straßen schneebedeckt sind oder sogar etwas rutschig. Die Stöcke werden dann oft eher stützend genutzt. Wer Lust und Gelegenheit hat, kann seine Nordic-Walking-Fertigkeiten auch beim Langlaufen oder Schneeschuhwandern einsetzen.

Trainingstipps

Im Gegensatz zu vielen anderen Sportarten kann Nordic Walking auch bei niedrigen Temperaturen als sanftes Ausdauertraining durchgeführt werden. In Fachkreisen wird von einem Training bei Temperaturen unter −15 °C abgeraten. Bei dieser Kälte schafft es der Körper nicht mehr, die beim Training aufgenommene erhöhte Sauerstoffmenge über die Atemwege zu erwärmen.

Gerade bei Kälte ist das Ganzkörpertraining von Vorteil, da beim Nordic Walking viele Muskeln für eine Erwärmung sorgen. Der Pumpeffekt in Händen und Füßen bewirkt eine bessere Durchblutung.

Treffen Sie sich mit Gleichgesinnten zum regelmäßigen Training, bewegen Sie sich mit Nordic Winter Walking gesund und munter durch die kalte Jahreszeit.

Nordic Night Walking

Die Nacht zum Tag machen, dann trainieren, wenn man Zeit hat, unabhängig von der Tageszeit, auch wenn es früh dunkel wird. Gemeinsam mit anderen macht Nordic Walking auch dann Spaß, und bei Vollmond mit der Gruppe unterwegs zu sein hat seinen ganz besonderen Reiz. Nordic Walking bei Nacht ist ein Erlebnis für die Sinne.

Ausrüstung

Mit Stirnlampe und Reflektoren ausgestattet, sehen wir nicht nur selbst, wohin wir laufen, sondern wir werden auch gesehen, was für unsere Sicherheit fast noch wichtiger ist. Zudem gibt der Nordic-Walking-Stock mehr Trittsicherheit.

Da es in den Abendstunden oft schon etwas kühler wird, ist auf entsprechende Kleidung zu achten, damit sich jeder in seiner Haut wohl fühlt.

Technik

Perfekt ins Nordic-Walking-Training integriert wird gerade bei schlechter Sicht oder eben nachts die Orientierungsfähigkeit. Aber abgesehen davon ist selbst mit Stirnlampe ein Techniktraining in der Gruppe möglich. Die Lampen sorgen für genügend Helligkeit, um den Partner wahrzunehmen und ihm Tipps und Korrekturen zu geben.

Keine Angst vor der Dunkelheit

Die Gruppe gibt ein Gefühl der Sicherheit; in der Gruppe trauen sich alle, auch bei Dunkelheit draußen zu laufen. Sind während des Sommers noch viele Menschen abends in Parks und Grünanlagen anzutreffen, ändert sich dies abrupt, sobald es früh zu dämmern beginnt. Die Menschen ziehen sich in ihre Wohnungen zurück und sind erst wieder im nächsten Frühjahr bei ihren Bewegungsübungen im Freien zu sehen. Schade – man verpasst eine Jahreszeit, die es wirklich in sich hat.

Nordic Indoor Fitness

Hier geht es um spezielle Konzepte für Kraft, Ausdauer, Beweglichkeit und Koordination, um auch in seinen vier Wänden einer Nordic Sportart nachgehen zu können. Nordic Indoor Fitness ist ein effektives Training mit Stöcken, egal ob zu Hause, in der Turnhalle oder im Studio.

Stride Walk Fit®

Ein ganz spezielles Indoor-Programm bietet der DNV mit seinen Instructoren und Fitnessstudios an. Bei diesem wissenschaftlich fundierten Programm geht es nicht nur um den Spaß daran, auf Musik zu trainieren. Es ist vielmehr ein ausgeklügeltes Aerobictraining zur Schulung der koordinativen Fähigkeiten, zum Ausgleich von Dysbalancen und zur Verbesserung aller konditionellen Fertigkeiten. Mit speziellen Nordic-Stöcken und -Pads ist es die ideale Ergänzung für das Nordic Walking draußen und ein zielgruppenorientiertes Training unter Beachtung trainingswissenschaftlicher Erkenntnisse in Bezug auf Belastungssteuerung und Intensität.

Warum Nordic Indoor Fitness?

Manche Menschen fühlen sich in ihren vier Wänden am wohlsten. Sie werden nicht nass, es ist gleichmäßig temperiert, und sie haben immer die gleichen Bedingungen. Nordic Indoor Fitness animiert diese Indoorfans, möglicherweise auch einmal Nordic Walking draußen in der Natur zu genießen.
Und schließlich ist es bei strömendem Regen oder Glatteis die optimale Alternative zum Nordic Walking.

Kapitel 6

Nordic Walking und ...

GEZIELTE ÜBUNGEN FÜR FITNESS UND BEWEGLICHKEIT

»Nordic Walking plus X« – das ist das Extra an Bewegungsvielfalt, das einen kompletten Nordic Walker ausmacht. Variabel sein in der Technik, gerüstet sein für veränderte Situationen, kreativ sein in der Bewegungsausführung – dieses Kapitel zeigt alles, was mit Stöcken zusätzlich gemacht werden kann.

Und bei allen Übungen gehört der Umgang mit den Stöcken dazu. So gewöhnen Sie sich schnell daran, sie als wichtiges Handwerkszeug ins Training von Fitness und Beweglichkeit zu integrieren. Das Ergebnis dieses Trainings ist ein nachhaltiges harmonisches Zusammenspiel von Muskeln, Sehnen, Gelenken, Bändern – einfach von Körper, Geist und Seele.

Stockeinsatz einmal anders

Dazu gehören neben weiteren Technikvariationen und speziellen Möglichkeiten, die Koordination zu verbessern, Spielformen rund um das Nordic Walking und gezielte Übungen zur Dehnung, Mobilisierung und Kräftigung.
Entsprechend ihrer hauptsächlichen Wirkung sind die Übungen eingeteilt in vier Kategorien:

- Aufwärmen,
- Kräftigung,
- Dehnung,
- Koordination.

Sich rundum wohl fühlen

Nordic Walking ist mehr als nur Gehen mit Stöcken. Es bietet innerhalb der Kurseinheiten die Möglichkeit eines »Rundum-Wohlfühl-Pakets«.
Gemeinsam mit einer Gruppe unter kompetenter Führung eines Instructors ist der Trainings- und Spaßfaktor garantiert. Das erleichtert es enorm, die Motivation aufrechtzuerhalten: Man genießt den Spaß in der Gruppe und trainiert gewissermaßen nebenbei, vor allem, wenn man zusammen mit anderen trainiert.
Und nun geht's los!

Aufwärmen

Aufwärm- und Beweglichkeitsübungen sind eine wichtige Vorbereitung für die anschließende Nordic-Walking-Einheit. Nach lockeren Aufwärmübungen vor dem Training geht man freier los, der Körper ist durchblutet und die ersten Verspannungen haben sich gelöst. Ganz nebenbei wird zusätzlich zum Körper auch die Atmosphäre der Teilnehmer untereinander aufgewärmt, und wenn man einander kennt, macht das Trainieren noch mehr Spaß.

Variable Übungen

Es handelt sich hierbei nicht um ein spezielles Übungsprogramm, die Übungen sind variabel und sollen Spaß bringen. Da Nordic Walking an sich schon ein sanftes ganzkörperorientiertes Ausdauertraining darstellt, wird die Muskulatur bei der Nordic ALFA Technik bei jedem Schritt aufgewärmt und die Gelenke werden mobilisiert. Das natürliche, physiologische Gangbild bleibt erhalten.

Beweglichkeit erhöht die Lebensqualität und steigert die Aktivität. Beweglichkeit kommt aus den Muskeln und aus den Gelenken. Wenn beide »benutzt« werden, haben wir auch im Alltag einen großen Nutzen davon.

TIPP VON ANDREAS WILHELM

Aufwärmen durch sanfte Mobilisierung ist vor jeder Trainingseinheit zu empfehlen. Ein paar einfache Übungen verhindern einen »Kaltstart«. Gerade in der kalten Jahreszeit ist nicht nur das Aufwärmtraining vor dem Nordic Walking wichtig, sondern auch das Warmbleiben. Also vermeiden Sie zu lange Standpausen und bewegen Sie sich sanft und dauerhaft. Auch Spielformen und Aufwärmprogramme zu Musik sind attraktive Möglichkeiten und bringen Spaß in die Gruppe.

Vor- und Zurückschwingen der Stöcke im Stand

Das Augenmerk liegt auf der aufrechten Körperposition und dem Greifen und Loslassen. Viele Menschen verfallen im Alltag in eine krumme Körperhaltung. Allein mit dieser Übung im aufrechten Stand und dem lockeren Schwingen der Arme geben Sie Ihrem Rücken ein gutes Gefühl, die Bandscheiben werden funktionell belastet, die Schultergelenke mobilisiert und frei. Durch das Greifen und Loslassen setzen Sie Ihre Venenpumpe in Gang, die Durchblutung wird in diesen unterversorgten Regionen sofort angeregt – eine Wohltat für geschwollene Hände.

Partnerübung: Heben und Senken der Stöcke im Stand

Wichtig ist auch hier die aufrechte Körperposition, das Gewicht bleibt gleichmäßig auf die Füße verteilt. Die Stöcke über die Seite vom Becken bis über den Kopf heben und wieder senken.

Viele Menschen heben nur selten die Arme nach oben über den Kopf, sofern sie nicht Maler oder Elektriker sind. Eine der vielen Bewegungen, die immer mehr in Vergessenheit geraten sind – unser aktives Leben spielt sich vor dem Körper ab. Aber nun – Arme hoch, tief durch die Nase einatmen und die Position genießen. Übrigens handelt es sich hier um eine sehr kommunikative Übung; es darf gelacht und geredet werden.

Bewegen der Schulterachse gegen die Beckenachse im Stand

Das Augenmerk liegt wieder auf der aufrechten Körperposition. Das Becken fest und stabil halten, in der Kreuzkoordination die Schulter gegen das angehobene Bein bewegen.

Viele Menschen halten sich im Alltag nicht nur krumm, sondern auch starr. Sie verharren in Positionen, aus denen heraus eine Bewegung schmerzhaft werden kann, z. B. bei einer längeren Autofahrt.

Schenken Sie Ihrem Körper Bewegung, machen Sie ihn frei. Diese Übung wirkt wie Wunder. Sie fühlen sich anschließend frei und beweglich, haben Ihre Wirbelsäule mobilisiert, die Muskeln gedehnt und den Kreislauf in Schwung gebracht. Zusätzlich werden Sie durch die Stöcke hinter dem Körper liebevoll in die aufrechte Position gedrückt.

Partnerübung: Schwingen der Arme seitlich im Stand

Jetzt geht es um raumgreifende Mobilisierung. Wichtig sind auch hierbei wieder die aufrechte Körperposition, der lange Arm und die Bewegung der Schulterachse. Nehmen Sie die Stöcke vom Partner an einem Ende in die Hand und lassen Sie die Arme vor- und zurückschwingen. Sie werden sofort spüren, wie gut das tut. Und nun, wenn Sie möchten, das Ganze auch noch in der Fortbewegung in der bekannten Kreuzkoordination. Rollen Sie dabei deutlich über den gesamten Fuß ab.

Viele Menschen haben verlernt, »normal« zu gehen – also aufrecht mit lockeren Schultern; die meisten ziehen sie sehr oft hoch zu den Ohren. Das kann zu Verspannungen im Schultergürtel und Nackenbereich führen, und durch die Minderdurchblutung in diesem Bereich können Kopfschmerzen entstehen. Schwingen Sie sich Ihren Kopf frei und lassen Sie das Blut ungehindert fließen.

Schwingen der Beine vor und zurück im Stand

Das Augenmerk liegt auf der aufrechten Körperposition, dem langen Arm und der geöffneten Hand, die sich auf den Stock stützt. Lassen Sie jedes Bein so weit Sie können vor- und zurückschwingen. Dabei immer aufgerichtet bleiben, den Blick nach vorn halten.
Viele Menschen arbeiten in Berufen, bei denen sie entweder sehr viel sitzen oder über längere Zeit an einem Ort stehen müssen. Bei beiden wird das Hüftgelenk wenig bewegt, im Sitzen können sogar Arterien und Venen eingeklemmt werden. Es kommt zu Stauungen in den Füßen, und die Beine werden schwer. Bewegen Sie sich frei und spüren Sie das tatsächliche Bewegungsausmaß Ihrer Beine im Becken. Sie werden anschließend beim Nordic Walking bemerken, wie leicht Ihnen das Gehen fällt.

Kräftigung

Beweglichkeit erhöht die Lebensqualität und die Aktivität, eine gute Fitness steigert die Freude an der Bewegung. Krafttraining ist für die Fitness unerlässlich: Nur ein Muskel, der Kraft hat, kann uns kräftig halten. Kraft ist eine Voraussetzung, um eine Bewegung dauerhaft durchzuführen. »Vor Kraft strotzen« sagt man, und das stimmt, denn wer Kraft hat, kann allen äußeren Angriffen standhalten. Und noch ein positiver Effekt der Kräftigung: Das Gewebe wird fester, die Haut straffer, und der Körper erhält eine neue Figur. So einfach ist das. Nordic Walking ist ein Training für Arme, Beine, Bauch und Po! Fragen Sie Ihren Instructor nach individuellen Kräftigungsübungen, die exakt auf Sie abgestimmt sind. Er/sie berät Sie gerne.

Training mit aufgewärmter Muskulatur

Während jeder Nordic-Walking-Einheit kräftigen wir unsere Muskeln. Ein kalter Muskel aber hat wenig Power. Die entsprechenden Kraftübungen bringen erst dann den gewünschten Effekt, wenn die Muskulatur entsprechend aufgewärmt ist. Deshalb: Krafttraining immer während einer Trainingseinheit! Dann jede Kräftigungsübung im Wechsel von Anspannung und Entspannung 10- bis 20-mal wiederholen. Nach einer kurzen Pause das Ganze noch einmal. Insgesamt drei Sätze à 10 bis 20 Wiederholungen genügen in der Regel, und Sie müssen auch nicht alle Ihnen bekannten Übungen auf einmal machen.

Übung für vordere Schienbein- und Wadenmuskeln

Das Augenmerk liegt auf der aufrechten Körperposition, den langen Armen und den geöffneten Händen, die auf dem Stock abgestützt werden. Nun im Wechsel das Gewicht auf die Zehen (für Waden-) und auf die Ferse (für Schienbeinmuskel) stellen. Die Muskulatur wird deutlich zu spüren sein.
Die Füße sind sehr weit weg vom Kopf und werden wohl deshalb oft vergessen. Diese Kräftigungsübung trainiert die Venenpumpe und unterstützt somit den Rückfluss des Blutes. Machen Sie sie ruhig mehrmals am Tag.

Partnerübung: Training für Armbeuger und Armstrecker

Die Partner stehen sich in aufgerichteter Ausgangsstellung gegenüber, die Ellenbogen sind angewinkelt und berühren den Körper. Nun drückt einer nach oben und der andere drückt gegen den Widerstand nach unten. Bleiben Sie aufrecht, verteilen Sie Ihr Gewicht gleichmäßig auf beide Füße.
Viele Damen werden es kennen: den hängenden Oberarm an der Rückseite! Trainieren Sie Ihren Armstrecker regelmäßig; so wird Ihr Arm wieder fest.

Partnerübung: Stockziehen für die Schultermuskulatur

Hierbei geht es um die Stabilisierung des Rückens. Die Partner stehen nebeneinander mit angebeugten Beinen, die innere Hand auf dem inneren Bein abgestützt. Bauch und Rückenmuskeln anspannen, das Gewicht gleichmäßig auf die Füße verteilen. Den Stock je an einem Ende umfassen und dann vor dem Körper gegen ständigen Widerstand hin- und herbewegen.

Viele Menschen haben durch eine gekrümmte Haltung die Stabilität ihrer Wirbelsäule verloren. Wollen sie nun aber vom Arm aus Kraft ausüben, fällt ihnen das schwer, weil sich der Rest des Körpers mitbewegt. Wären Oberkörper und Becken durch kräftige Muskeln stabilisiert, wäre auch die Kraft im Arm und in der Schulter vorhanden.

Diese Übung kräftigt zusätzlich die Beinmuskulatur, da wir leicht gebeugt stehen, sie kräftigt Bauch- und Rückenmuskulatur und durch den Zug am Stock die schulter- und schulterblattstabilisierende Muskulatur. Sie sehen und fühlen es – es handelt sich um eine »Rundum-Übung«, die viele Muskeln anspricht.

Standwaage zur Ganzkörperkräftigung

Das Augenmerk liegt auf dem »Langmachen« des gesamten Körpers, egal in welcher Position er sich befindet. Stellen Sie sich aufrecht hin und die Stöcke mit langen Armen vor sich. Heben Sie nun ein Bein nach hinten hoch und schieben Sie gleichzeitig die Arme nach vorn, bis, wenn möglich, Ihr Körper von dem Fuß in der Luft bis zum Kopf eine gerade Linie bildet.

Heben Sie nun den dazu diagonalen Arm (z.B. rechtes Bein, linker Arm) und wiederholen Sie die Übung mit der anderen Seite.

Diese Übung sollten Sie immer wieder, auch zu Hause, wiederholen. Sie kräftigt, stabilisiert und dehnt. Alles in einer Übung, aber bitte haben Sie Geduld. In einer Gruppe mit Gleichgesinnten unter fachlicher Anleitung eines Instructors macht das Training mehr Spaß und wird effektiver.

Partnerübung: Kräftigung der Oberschenkel-Innenseite

Ziel dieser Übung ist die Stabilisierung vom Fuß bis zum Becken, obwohl ein Bein nach vorn abgehoben wird. Bleiben Sie aufrecht stehen und schauen Sie Ihrem Partner tief in die Augen. Die langen Arme sind auf den Stöcken abgestützt; sobald Sie ein Bein vom Boden abheben, trainieren Sie auch das Gleichgewicht.

Drücken Sie nun beide mit langem Bein die Innenseiten der Schuhe aneinander; Sie werden sofort spüren, welcher Muskel dort gekräftigt wird.

Viele Menschen benutzen diesen Muskel gar nicht mehr. Er festigt das Knie und zieht das Bein nach innen. Er ist einer unserer Stabilisatoren für die Beckenstellung und zusammen mit anderen Muskeln verantwortlich für die Zentrierung des Beckens, was wiederum für die Aufrichtung von Bedeutung ist.

Kräftigung der Oberschenkel-Außenseite

Diese Kräftigungsübung unterscheidet sich kaum von der vorherigen. Um die Muskulatur an der Außenseite zu kräftigen, drücken Sie jedoch nun mit langem Bein die Außenseite der Schuhe aneinander. Die Spannung ist auch hier sofort spürbar.

Viele Menschen haben ihr Gangbild wegen untrainierter Muskulatur abgeändert und dadurch unfunktionell gestaltet. Ein Wegkippen des Beckens beim normalen Gehen – im Volksmund oft als »catwalk« wie bei Models auf dem Laufsteg bezeichnet – weist auf muskuläre Dysbalancen hin. Es besteht ein Mangel an Kraft in der seitlich führenden Muskulatur zwischen Oberschenkel und Becken, was zu Schmerzen in der Lendenwirbelsäule führen kann. Mit der Übung tun Sie etwas gegen dieses unfunktionelle Gangmuster.

Kniebeuge zur Kräftigung von Gesäß- und Oberschenkelmuskulatur

Auch hier geht es wieder um die Stabilisierung vom Becken bis zum Kopf. Stellen Sie sich mit leicht geöffneten Beinen in die leichte Kniebeuge. Die Arme sind lang und auf den Stöcken abgestützt.

Variieren Sie die Tiefe der Beuge je nach Ihrem Gesundheitszustand. Stellen Sie sich einfach vor, Sie wollten sich auf einen Hocker setzen.

Diese Übung zählt zu den Stabilisierungs- und Kräftigungsübungen. Wir benötigen den Oberschenkelmuskel an der Vorderseite zur Verhinderung von Stürzen, z.B. beim Herabgehen von Treppenstufen. Ohne ihn würden wir bei jeder Stufe tief einsinken. Falls Sie beim Nordic Walking noch wippen, erkundigen Sie sich bei Ihrem kompetenten Instructor vor Ort; er wird Sie mit einer entsprechenden Übung unterstützen.

Kräftigung der gesamten Bauchmuskeln und fast aller Rückenmuskeln

Das Augenmerk liegt auf der Aufrichtung von Fuß bis Kopf. Nehmen Sie Ihre Stöcke hinter den Rücken. In der Kreuzkoordination nun eine Hand (rechts) mit einem Knie (links) vor dem Körper zusammenführen, dann die Seiten wechseln.

Viele Menschen klagen über Rückenschmerzen, viele Frauen zusätzlich noch über ein »Bäuchlein« (und viele Männer gleich über einen ganzen Bauch). Oft liegt die Ursache dafür in einem Spannungsverlust der Bauchmuskulatur. Mit dieser Rotationsübung trainieren Sie sowohl die gerade als auch die schräge Bauchmuskulatur. Die Rückenmuskulatur wird dabei im Sinne der Aufrichtung trainiert.

Diese Übung kann man auch hervorragend ohne Stöcke durchführen.

Einrollen – Langmachen

Hier geht es um ein maximales Einrollen und anschließend um ein maximales Langmachen. Ziehen Sie Ihr Knie hoch und küssen Sie es, die Stöcke dabei ganz fest an den Bauch heranziehen. Und nun die Erlösung aus dieser engen Position - machen Sie sich ganz lang, die Arme und die Beine. Diese Endposition aktiviert und kräftigt sämtliche rückwärtigen Muskelgruppen.

Partnerübung zur Kräftigung der breiten Rückenmuskeln und der Armstrecker

Stellen Sie sich hintereinander in Schrittstellung. Der Partner hält die Stöcke hinter dem Rücken des Trainierenden, sodass der sich mit geöffneten Händen leicht darauf stützt. Der Partner bietet mit den Stöcken Widerstand, während der Trainierende mit geöffneten Händen in Richtung Boden schiebt. Dabei sollen die Arme lang, die Wirbelsäule aufgerichtet und ein deutlicher Widerstand vom Hintermann zu spüren sein. Die Endposition ist erreicht, wenn der Trainierende die Arme gestreckt hat. Hier ist die maximale Muskelbeanspruchung zu spüren. Anschließend schiebt der Partner wieder in die Ausgangsposition zurück.

Achten Sie während der gesamten Übung auf die aufgerichtete Körperposition und am Ende auf den langen Arm mit geöffneten Händen. Ein kompetenter Instructor wird Sie dabei, wenn nötig, von der Seite korrigieren.

Partnerübung: Stockdrücken im Stand zur Kräftigung von Brust- und Bauchmuskeln

Das Augenmerk liegt hierbei auf einer stabilen Ausgangsposition und einer aufgerichteten Wirbelsäule. Die Trainierenden stehen einander in Schrittstellung gegenüber und umfassen die Stöcke auf Brusthöhe. Der eine macht die Arme lang, der andere beugt sie. Dabei leisten beide konstant Widerstand, sodass eine Bewegung immer stattfinden kann. Bei vielen Menschen hat sich die Brustmuskulatur durch eine krumme Haltung verkürzt. Ein verkürzter Muskel ist auch kraftlos. Manch einem reicht wahrscheinlich schon die aufgerichtete Position, um diese Muskulatur in Dehnung zu bringen. Gehen Sie in die maximale Position, ziehen Sie die Schulterblätter hinten zusammen und führen Sie die Übung aus.

Partnerübung: »Beinsäge« zur Kräftigung der Gesäß- und hinteren Oberschenkelmuskulatur

Die Trainierenden stehen Rücken an Rücken mit angehobenem gebeugten Bein, sodass sich die Schuhsohlen berühren. Die Arme sind lang mit geöffneten Händen auf den Stöcken abgestützt. Der Sohlenkontakt bleibt die ganze Zeit bestehen, während beide in Richtung des Partners schieben. Jeder lässt die Bewegung des anderen zu, sodass es der sägenden Bewegung eines Holzfällers ähnelt. Viele Menschen gehen nicht mehr natürlich. Deshalb bleibt bei vielen die Anspannung der Gesäß- und hinteren Oberschenkelmuskulatur bei normalem Gangbild aus. Aber diese benötigt unser Körper für eine stabile Aufrichtung auch. Sie werden sofort spüren, von welcher Muskulatur hier die Sprache ist. Nordic Walking ist ein Training für Arme, Beine, Bauch und Po!

Das Training vervollständigen

Durch die oben beschriebenen Übungen wurden Ihre Muskeln aufgewärmt, bewegt und gekräftigt. Für ein vollständiges Training – also einen planmäßigen Prozess, der eine Zustandsänderung bewirkt – brauchen wir zum Schluss noch die Dehnung.

Dehnung

Ein Muskel ist verkürzt. Besser sagt man: Er ist orientierungslos! Er weiß durch eine Fehlhaltung nicht, wo er hingehört und was seine Aufgabe ist. Doch durch gezielte Übungen bringen wir ihn wieder auf den richtigen Weg. Dehnung geht immer mit Mobilisierung einher. Unser Körper nimmt positive Bewegungen sehr dankend an – Sie werden es schnell merken und sich deutlich besser fühlen.

Dehnen und Mobilisieren

Dehn- und Mobilisierungsübungen helfen dabei, die Beweglichkeit zu verbessern. Wichtig ist jedoch in diesem Zusammenhang, die Begrifflichkeiten nicht zu verwechseln. Denn zwischen Mobilisieren und Dehnen ist deutlich zu unterscheiden. Gelenke werden mobilisiert, Muskeln gedehnt. Gezielte Übungen gehören zu jeder Trainingseinheit. Die wichtige Rolle mobiler Gelenke und entspannter, geschmeidiger Muskeln wird im Kapitel über die gesundheitlichen Aspekte von Nordic Walking eingehend erläutert.

Kalte Muskeln lassen sich nur unter erhöhter Verletzungsgefahr dehnen. Also: besser vorher aufwärmen oder, noch besser, die Dehnübungen in die Trainingseinheit einbauen. Am Ende einer Einheit ist die Dehnung auch als Ritual einsetzbar. Die Gruppe findet sich zusammen und kommt zur Ruhe. Für den Instructor besteht nun auch die Möglichkeit, die nächsten Planungen bekannt zu geben.

Bei allen nachfolgend beschriebenen Dehnübungen die Endposition 10 bis 30 Sekunden ohne Nachwippen halten, dabei immer auf eine gleichmäßige Atmung achten. Nicht die Luft anhalten!

Dehnung der hinteren Oberschenkelmuskulatur und der Wade I

Stellen Sie einen Fuß nach vorn, stützen Sie die Stöcke vor Ihnen auf und beugen Sie sich mit geradem Oberkörper nach vorn, bis es leicht im Oberschenkel zieht. Dann den Vorfuß vom Boden lösen und ganz weit hochziehen.

Nun merken Sie eine durchgehende Spannung vom Po bis in den Fuß. Das Standbein ist gebeugt – gut, wenn beide Knie am Ende der Dehnung nebeneinander sind.

Um den Effekt zu verstärken, schieben Sie in der tiefen Position beide Pobacken ganz weit nach oben in Richtung Himmel.

Dehnung der hinteren Oberschenkelmuskulatur und der Wade II

Legen Sie z.B. den rechten Fuß in die Hände Ihres Partners. Stellen Sie Ihre Stöcke dann rechts neben Ihrem Bein auf, die Spitzen so weit es geht zu Ihrem Partner und ziehen Sie die Zehen und den Fuß zu sich heran. Jetzt ist die Dehnung schon zu spüren - zur Verstärkung können Sie nun noch die gestreckten Arme in Richtung Partner schieben.
Eine sehr effektive Übung, die man auch auf einen Baumstamm oder zu Hause auf die Fensterbank gestützt ausführen kann.

Dehnung der vorderen Oberschenkelmuskulatur mit Beckenstabilisierung

Umfassen Sie im Stand mit z.B. der rechten Hand das rechte Fußgelenk, die freie Hand dabei auf den Stock gestützt. Der Oberkörper befindet sich in maximaler Aufrichtung, das Standbein leicht gebeugt. Üben Sie nun sanften Zug aus - die rechte Ferse in Richtung rechte Pobacke ziehen und dabei die Innenseiten der Knie nah beieinander lassen. Damit trainieren Sie einen Muskel, der zu einer Verkürzung neigt, die durch eine krumme Haltung noch verstärkt wird.

Dehnung der Wade und des Hüftbeugers

Der Trainierende steht im Ausfallschritt, das vordere Knie gebeugt, den Oberkörper maximal aufgerichtet. Schieben Sie nun die hintere Ferse in Richtung Boden, der Körperschwerpunkt wird vertikal nach unten gesenkt. So entsteht gleichzeitig ein Dehnreiz auf den Hüftbeuger und die Wade.
Gerade die Wadenmuskulatur ist bei vielen Menschen, vor allem bei Frauen mit hochhackigen Schuhen, häufig verkürzt. Gönnen Sie dem Muskel diese Entspannung.

Dehnung der hinteren Oberarmmuskulatur

Umfassen Sie in aufrechter Haltung den Stock hinter dem Körper. Die untere, aktive Hand zieht den Stock nach unten, die obere folgt. Dadurch entsteht ein sanfter Dehnreiz in der hinteren Oberarmmuskulatur. Der Ellenbogen zeigt dabei nach oben. Die untere Hand sollte nah am Gesäß entlang nach unten ziehen.
Dieser Muskel wird bei der richtigen Nordic ALFA Technik ausgiebig eingesetzt und gekräftigt und hat eine Entspannung verdient.

Dehnung der Gesäß- und der beckenumspielenden Muskulatur

Legen Sie im Einbeinstand den linken Fuß auf dem rechten Oberschenkel ab. Der Oberkörper ist aufrecht. Stützen Sie sich auf den Stöcken ab und schieben Sie nun das Becken nach hinten unten, als würden Sie sich auf einen Stuhl setzen.

Diese Übung bringt pure Entspannung. Durch eine schlechte Haltung wird oft die gesamte Muskelgruppe falsch benutzt; durch eine Dehnung findet sie wieder den richtigen Weg.

Dehnung der Brustmuskulatur – oberer Bereich

Greifen Sie die Stöcke in Schulterbreite und heben Sie die Arme über den Kopf. Bewegen Sie die Arme so weit wie möglich nach hinten und atmen Sie dabei tief ein. Danach die Arme absenken und von neuem starten.

Bei vielen Menschen ist dieser Bereich der Brustmuskulatur durch eine krumme Haltung deutlich verkürzt und schränkt Bewegungen nach hinten ein. Viele sind nicht mehr in der Lage, die Arme nach oben zu bringen. Dagegen helfen solche Übungen.

Spiralförmige Ganzkörperdehnung

Im Stand das linke Bein hinter das rechte stellen, die Stöcke nun auch nach rechts, sodass eine Spiralbewegung entsteht. Es kommt zur deutlichen Dehnung der linken Körperseite. Machen Sie die Arme lang, lassen Sie die Wirbelsäule locker in Richtung Boden hängen und atmen Sie ganz ruhig ein und aus. Danach langsam lösen und die Seite wechseln.

Diese Übung dehnt viele Muskeln, Muskelketten, Sehnen und Bänder. Sie sollte auf keinen Fall schmerzen, man darf aber deutlich merken, dass sich dort etwas tut. Wiederholen Sie diese Übung, wenn möglich, mehrmals pro Woche.

Dehnung der Brustmuskulatur – mittlerer Bereich

Der Trainierende greift seine Stöcke auf Pohöhe hinter dem Körper. Der Partner zieht nun langsam die Stöcke nach oben, die freie Hand stabilisiert die Brustwirbelsäule mit spürbarem Druck. An der Endstellung übt er, abhängig von der Dehnbarkeit des Partners, einen Zug auf die Stöcke aus – eine reine Wohltat, probieren Sie es aus!

Koordination

In all seiner Vielfalt, mit all seinen Möglichkeiten der Bewegungsvariation stellt Nordic Walking ein perfektes Mittel dar, um alle koordinativen Fähigkeiten zu schulen. Was ist Koordination? Im wissenschaftlichen Sinne sind die koordinativen Fähigkeiten das Zusammenspiel von zentralem Nervensystem und Skelettmuskulatur. So werden alle Bewegungen gesteuert. Das heißt aber auch, dass Menschen, die sich wenig bewegen, Mängel in der Bewegungssteuerung aufweisen. Zwischen dem vierten und zwölften Lebensjahr werden die meisten dieser Fähigkeiten erlernt. Deshalb spricht man vom »goldenen Zeitalter« der Motorik. Trotzdem ist es nie zu spät. Koordinative Fähigkeiten sind nicht angeboren, sie müssen erlernt, gefestigt und weiterentwickelt werden.

Ein bewegendes Wortspiel

Es gibt sieben koordinative Fähigkeiten: Differenzierungsfähigkeit, Orientierungsfähigkeit, Reaktionsfähigkeit, Kopplungsfähigkeit, Rhythmisierungsfähigkeit, Umstellungsfähigkeit und Gleichgewichtsfähigkeit. Im Folgenden wird erläutert, wie Nordic Walking effektiv eingesetzt werden kann, um diese auch im normalen Alltag so wichtigen Fähigkeiten zu verbessern. Spaß an der Bewegungsvielfalt heißt dabei die Formel für eine effektive Verbesserung des Körpergefühls. Als Eselsbrücke lässt sich leicht der »DOR(F)KRUG« einprägen. Liest man das »F«, das um des Wortspiels willen eingefügt ist, spiegelverkehrt, so kann man es als eine »7« deuten, die hier symbolisch für die sieben koordinativen Fähigkeiten steht.

Sieben koordinative Fähigkeiten: DOR(F)KRUG

Differenzierungsfähigkeit
Orientierungsfähigkeit
Reaktionsfähigkeit
(F)symbolisch für die sieben Fähigkeiten
Kopplungsfähigkeit
Rhythmisierungsfähigkeit
Umstellungsfähigkeit
Gleichgewichtsfähigkeit

Die koordinativen Fähigkeiten haben Bedeutung für unsere Gesundheit, unsere Leistungsfähigkeit und unser Aussehen. Nordic Walking ist eine der komplexesten Trainingsformen, um diese Fähigkeiten zu aktivieren.
Jemand, der seine koordinativen Fähigkeiten regelmäßig trainiert, ist selbstbewusster, gesünder und strahlt mehr Lebensfreude aus.

Differenzierungsfähigkeit

Die Differenzierungsfähigkeit hilft, Bewegungen mit hoher Präzision auszuführen. Das Werkzeug zum Training dieser Fähigkeit ist im dritten Kapitel bereits ausführlich beschrieben worden. Schrittfrequenz, Bewegungsumfang, Intensität und Dynamik der Bewegung, die Körperposition, die Fußbelastung, die Verteilung des Antriebs auf Beine und Arme sowie die Stockfunktion zwischen Stützen und Schieben sind nach Belieben veränderbar.

Kontraste und richtiges Timing

Differenzierung kann sehr gut über Kontraste geschult und gefestigt werden. Beispielsweise bergauf die Schrittfrequenz bewusst erhöhen und wieder verlangsamen. Auch das Greifen und Loslassen beim Nordic Walking setzt ein hohes Maß an Differenzierungsfähigkeit voraus. Das Timing, wann der Stock gegriffen und wieder losgelassen wird, ist entscheidend für die Technik. Ebenfalls ist die Unterscheidung zwischen Translation und Rotation wichtig; die Rotation der Schulterachse gegen die Beckenachse in Verbindung mit einem aktiven Armschub erfordert einiges an Training.
Eine hohe Differenzierungsfähigkeit führt zu einer präzisen Technikausführung. Diese Fähigkeit ist Grundlage einer guten und vor allem nach außen hin sichtbar eleganten Technik. Die Differenzierung zwischen Fersengang und Zehengang stellt einen sehr guten Kontrast für das Verbessern der aktiven Fußarbeit dar.

Orientierungsfähigkeit

Gemeint ist hier die Fähigkeit, bei gewollten und ungewollten Bewegungen und Lagen die Orientierung im Raum zu behalten, sich in der Vielfalt von Körperpositionen zu orientieren, d.h. zurechtzufinden. Wir können uns am eigenen Körper, in der Umgebung oder in der Zeit orientieren.

Beim Nordic Walking geht es darum, sich nicht im Gelände zu verlaufen, zu wissen, wo sich die einzelnen Körperbereiche während der Bewegung befinden, und das Timing für bestimmte Bewegungsabfolgen in den Griff zu bekommen – Fähigkeiten, die beispielsweise bei Fallschirmspringern oder bei einem Turner sehr ausgeprägt sind.

Beim Nordic Walker hilft diese Fähigkeit, beispielsweise die Stockspitze unter dem Körperschwerpunkt zu platzieren oder in der Gruppe genügend Abstand für eine raumgreifende Bewegung einzuhalten. Aber auch die zeitliche Orientierungsfähigkeit kommt beim Nordic Walking zur Anwendung – nicht nur, was das pünktliche Erscheinen zur Trainingseinheit angeht, sondern vor allem bei der zeitlichen Abstimmung von Fuß- und Stockeinsatz.

Problem Orientierungslosigkeit

Orientierungslosigkeit ist mittlerweile schon zu einem gesellschaftlichen Problem geworden. Nicht selten hört man, der oder die sei völlig orientierungslos. Orientierung braucht immer auch ein Ziel. Nordic Walking ist ein perfektes Training für die Orientierungsfähigkeit.

Ein optimales Training für die Orientierung im Raum ist Gehen mit geschlossenen Augen. Zum Beispiel von einem markierten Ausgangspunkt ein paar Schritte gehen, umdrehen und zurückkehren zum Ausgangspunkt. Noch weit effektiver ist aber Gehen mit geschlossenen Augen hinter einem Partner, der die Augen natürlich offen hat. Der für Nordic Walking spezifische Aspekt dieser Übung ist, dass neben den Füßen auch die Stöcke als Fühler genutzt werden. So lernt der Nordic Walker, sich über seinen Tastsinn schnell zu orientieren und seine Körperposition der Situation jederzeit anzupassen. Als Kind kannten wir alle das Spiel »Blinde Kuh«. Eine optimale Partnerübung, die die Orientierung schult und Vertrauen zum Trainingspartner aufbaut.

Auch Herzfrequenzmesser leisten einen guten Dienst für ein gesundheitsorientiertes Training.

Rhythmisierungsfähigkeit

Einen von außen vorgegebenen Rhythmus erfassen und motorisch umsetzen, Bewegungen akzentuieren, selbst rhythmisch gestalten, Bewegungsabläufe im eigenen Rhythmus ausführen zu können – das ist die Rhythmisierungsfähigkeit. Das Wechseln zwischen Anspannung und Entspannung, das rhythmische Wechselspiel zwischen Greifen und Loslassen usw. gehören ebenfalls dazu.

TIPP VON ANDREAS WILHELM

Ist keine Musik vorhanden, hilft auch Zählen oder der vorgegebene Rhythmus eines Partners bei der Vertiefung dieser Fähigkeit.

Rhythmische Arm- und Beinbewegungen

Die Nordic ALFA Technik mit all ihren Elementen setzt ein hohes Maß an Rhythmisierung voraus, um störungsfrei ein harmonisches Gangbild zu erzeugen. Beim Nordic Walking sollten Arm- und Beinbewegungen rhythmisch aufeinander abgestimmt sein. Die Schrittfrequenz wird dabei über den Stockeinsatz und die aktive Armarbeit bestimmt. Bei gut ausgeführter Technik ist diese Abstimmung sehr exakt. So ist selbst Nordic Walking in der Grundtechnik schon eine effektive Rhythmusübung. Die Pflicht sozusagen.

Die Kür ist dann Nordic Walking zu Musik, alleine oder in Gruppenformation, spontanes Wechseln auf Doppelstockeinsatz, Spielen mit den Möglichkeiten, dem Zweier-, Dreier- und Viererrhythmus. Der Fantasie sind keine Grenzen gesetzt. Wichtig ist nur, den Takt der Musik nicht zu verlassen.

Das Tandem, eine Übung, bei der man einander näher kommt. Zwei Nordic Walker gehen möglichst eng zusammen und synchron. Der Vordermann gibt den Takt an. Diese Übung ist Vertrauenssache und schult Rhythmusgefühl und Orientierung.

Zu zweit oder in der Gruppe Formationen trainieren. Das macht nicht nur Spaß, sondern verbessert auch den Bewegungsfluss und die Technik. Mittlerweile werden in Kursgruppen schon ganze Formationsmeisterschaften unter den Kursteilnehmern ausgetragen.

Kopplungsfähigkeit

Die Kopplungsfähigkeit zeigt sich darin, weitere Bewegungen auf ein Grundbewegungsmuster aufzuschalten, ohne dieses zu stören. Es geht um das Zusammenspiel von Teilkörper- und Einzelbewegungen, darum, ein bestimmtes Handlungsziel räumlich, zeitlich und dynamisch aufeinander abzustimmen. Das zentrale Nervensystem bekommt zum Beispiel die Aufgabe, gleichzeitig zwei Bewegungen zu steuern.

Langsames Zusammenführen

Gute Schlagzeuger verfügen beispielsweise über eine bemerkenswerte Fähigkeit, verschiedene Bewegungen aller vier Extremitäten zu einer komplexen Gesamtbewegung zusammenzufügen. Diese ist eine der grundlegendsten Fähigkeiten, die Nordic Walking verlangt.

Auf das Grundbewegungsmuster »raumgreifende Armbewegungen« werden zum Beispiel exakt koordinierte Handbewegungen aufgeschaltet, Greifen und Loslassen im rhythmischen Wechsel. Ebenso gilt es, Schrittlänge und -frequenz mit diesen Bewegungen zu koppeln.

Langsames Zusammenfügen der Einzelbausteine einer ganzheitlichen Bewegung hilft dabei, die Kopplungsfähigkeit entscheidend zu verbessern.

Die 7-Step-Methode macht sich genau diese Fähigkeit zu Nutze. Fehlt ein Baustein, ist kein effektives Nordic Walking möglich. Es macht Spaß, diese Fähigkeit auf vielfältige Art und Weise zu trainieren. Es muss ja nicht gleich Einradfahren und Jonglieren in Kombination sein.

Bei der Rotation der Schulter- gegen die Beckenachse hat der Arm gleichzeitig die Aufgabe, nach hinten zu schieben. Diese Bewegung mit einer Innenrotation und gleichzeitigem Öffnen der Hand zu verbinden ist am Anfang noch etwas schwierig.

Aber auch diese Hürde lässt sich mit der Hilfe eines Instructors nach und nach nehmen.

Die Nordic ALFA Technik mit ihren verschiedenen Bewegungsmerkmalen ist Kopplungsfähigkeit in Reinkultur. Am Anfang genügt es, die Arm- und Beinbewegungen in der Kreuzkoordination miteinander in Verbindung zu bringen.

Reaktionsfähigkeit

Hier geht es um die schnelle Anpassung an veränderte Situationen. Die Reaktionsfähigkeit ist beispielsweise bei Tennisprofis sehr stark ausgeprägt, denn sie müssen im Bruchteil einer Sekunde entscheiden, ob sie einen Aufschlag mit der Vorhand oder der Rückhand annehmen wollen. Solche extrem kurzen Reaktionszeiten kommen beim Nordic Walking in der Regel nicht vor. Dennoch ist es sehr von Vorteil, für veränderte Situationen schnell gerüstet zu sein. Eine gute Reaktionsfähigkeit ermöglicht, Informationen und Signale aufzunehmen und darauf schnell mit zweckmäßigen motorischen Aktionen zu reagieren. Bei Nordic Walking auf unebenem Untergrund müssen sich Füße, Körperschwerpunkt und Stockeinsatz immer wieder auf veränderte Situationen einstellen. Wie schnell das gelingt, ist ein Zeichen für gute oder mangelnde Reaktionsfähigkeit.

In wechselnden Situationen trainieren

Nordic Walking mit wechselndem Tempo in unterschiedlichem Gelände schult die Reaktionsfähigkeit. Eine gezielte Übung dafür ist zum Beispiel auch das Kopieren der Bewegungen eines anderen Nordic Walkers. Wenn dieser möglichst schnell durch die verschiedenen Bewegungsprogramme »zappt«, fällt es zunächst nicht leicht, direkt und synchron der vorgegebenen Bewegung zu folgen. Viele Spielformen mit Stockwerfen sind Aufgabenstellungen zur Reaktionsfähigkeit. Die Reaktionsfähigkeit lässt sich über taktile Reize, wie zum Beispiel Berührungen, oder akustische Signale, wie Stimme, Musik usw., schulen. Aber auch auf visuelle Reize sollte man schnell und angepasst reagieren können.
Imitationübung: Die Partner bewegen sich spiegelbildlich. Der eine macht dem anderen jede Bewegung nach (Bild oben links). Je nach Zielgruppe kann diese Übung langsam oder sehr schnell ausgeführt werden. Wenn der Fantasie freier Lauf gelassen wird, entstehen die witzigsten Figuren.

»Eingefrorene Grundposition«: Aus der Nordic ALFA Technik reagiert der Trainierende auf Zuruf und bleibt in der Übergangsphase zum nächsten Schritt und Armschub wie versteinert stehen. Eine sehr gute Übung, um den Bewegungsablauf für eine gute Nordic-Walking-Technik »abzuspeichern«.

Stockwerfen in verschiedenen Variationen mit zwei oder mehr Teilnehmern (rechts). Hier dargestellt der Stockwurf in den Rücken des Partners, der sich auf ein akustisches Signal hin (z. B. den Zuruf »Jetzt!«) rasch umgedreht hat und den Stock auffängt. Als Variante kann auch noch die Richtung der Drehung zugerufen werden. Auch hier sind dem Erfindungsgeist keine Grenzen gesetzt.

Umstellungsfähigkeit

Hiermit ist die Fähigkeit gemeint, sich während einer programmgemäßen Handlung an plötzlich veränderte Bedingungen anzupassen – sich zweckmäßig umzustellen – oder ein anderes adäquates Programm zu starten. Ein klassisches Beispiel aus Ballsportarten ist das Umstellen von Angriff auf Verteidigung oder umgekehrt.

Eine Frage der Sicherheit

Die Reaktionsfähigkeit bestimmt, wie schnell ich mich an eine neue Situation anpassen kann. Die Umstellungsfähigkeit hingegen ermöglicht die Anpassung der Technik an veränderte Situationen. Ziel ist es, bei jeder Gelegenheit und in jedem Gelände alle Teilbewegungen beim Nordic Walking zu kontrollieren. Um Sicherheit in allen Situationen zu erlangen, empfiehlt es sich, gezielt auch veränderte Situationen zu suchen beziehungsweise Technikvariationen unter vereinfachten Bedingungen zu trainieren.
Die Umstellungsfähigkeit kann uns auch im Alltag sehr hilfreich sein, ob es nun Bewegungen oder ganze Lebenssituationen sind. Wer umstellen kann, hat jede neue Situation schnell im Griff. Dazu gehört das Vorhandensein einer Vielzahl von Programmen, die jederzeit abrufbar sind.

Wechselnder Untergrund bzw. vom flachen Boden eine Stufe hochzugehen trainiert die Umstellungsfähigkeit. Wenn es vom Sand auf die Wiese geht, passen sich Fuß- und Arm-/Stockarbeit bei genügend Vorerfahrung wie von selbst an. Viele Nordic-Walking-Einsteiger setzen bei wechselndem Untergrund zu Beginn die Stöcke plötzlich nicht mehr ein. Sich stattdessen bewusst solche oder ähnliche Situationen zu suchen und variabel zu trainieren verbessert die Umstellungsfähigkeit.

Die Umstellung vom gewohnten Alltagsschritt ohne Stöcke zu angepassten Schritten beim Nordic Walking erfordert etwas Training. Durch die Schubbewegung der Arme werden die Schritte etwas größer. Findet hier keine Anpassung statt, ist auch keine effektive Schubphase für ein Ganzkörpertraining möglich.

Jede Veränderung birgt einen positiven Lerneffekt. Schneller gehen, langsamer gehen, bergauf, bergab, auf Straßen oder am Strand ... die zahlreichen Möglichkeiten der Umstellung sind alle schon genannt worden. Sie sollten nun auch intensiv genutzt werden.

Diese Umstellungsfähigkeit gehört zu einem versierten Nordic Walker dazu. Und es macht einfach Spaß, den Variationsreichtum dieser Sportart in immer neuen Zusammenstellungen in der freien Natur auszuprobieren.

Gleichgewichtsfähigkeit

Diese Fähigkeit ermöglicht es uns, sowohl das Gleichgewicht zu halten als auch es nach Positionsveränderungen und -verlagerungen möglichst rasch wiederzuerlangen. Die Gleichgewichtsfähigkeit steht im direkten Zusammenspiel mit anderen koordinativen Fähigkeiten. Störungen bringen den Körper permanent aus dem Gleichgewicht. Ziel beim Nordic Walking ist es, die Körpermitte zu stabilisieren, auch wenn verschiedene äußere Einflüsse dagegenarbeiten. Hier gilt es, schnell zu reagieren, um den Rhythmus beibehalten zu können. Die Stöcke dienen zusätzlich als Stabilisatoren beim Nordic Walking.

Statik und Balance

Das Gleichgewicht lässt sich durch verschiedene Balanceübungen schulen: Nordic Walking auf einer Linie, auf einer Bordsteinkante oder im Wald auf herumliegenden Baumstämmen. Doch auch eine statische Übung kann helfen, ein besseres Gleichgewicht zu erlangen. Beim Einfrieren der Ausgangsposition muss der Körperschwerpunkt in der Körpermitte gehalten werden. Eine weitere tolle Möglichkeit, die Gleichgewichtsfähigkeit zu verbessern, ist darüber hinaus Nordic Inlineskating. Diese sanfte Variante, sich mit Stöcken vorwärts zu bewegen, macht zudem noch eine Menge Spaß. Die Natur als Spielplatz für das Verbessern der Gleichgewichtsfähigkeit nutzen. Über Baumstämme oder unebenes Gelände zu balancieren erfordert eine aktive Fußarbeit. Diese Arbeit wirkt sich direkt auf das Gleichgewichtszentrum im Kleinhirn aus. Neue Informationen werden abgespeichert und können nach einigem Üben immer wieder abgerufen werden.

TIPP VON ANDREAS WILHELM

Allein das Wissen, dass wir diese koordinativen Fähigkeiten in uns haben, lenkt unsere Aufmerksamkeit wieder öfter in ihre Richtung. Trainieren Sie in der Gruppe unter fachlicher Anleitung durch einen Instructor, der Ihnen mehr über diese Art des Trainings erzählen kann, das die koordinativen Fähigkeiten gezielt anspricht.

Kapitel 7

Gesund und fit bleiben

SIEBEN GESUNDHEITSASPEKTE DES NORDIC WALKING

Die Krankheiten, die durch Bewegungsmangel mit verursacht werden, sind zurzeit die Todesursache Nummer eins. Ein Viertel aller Deutschen ist zu fett, mehr als die Hälfte übergewichtig. Fast die gleichen Quoten gelten auch für Kinder. Altersdiabetes gibt es heute mehr bei jungen Menschen als bei Senioren, Arterienverkalkung ist eine Volkskrankheit. Bandscheibenprobleme und Gelenkbeschwerden treten bei viel zu jungen Menschen auf, Fehlhaltungen wirken sich auf den gesamten Organismus aus. Probleme, die nicht sein müssten, wenn sich die Menschen mehr bewegten. Nordic Walking kann helfen, die Gesundheit zu erhalten.

Fitness für Körper, Geist und Seele

80 Prozent der Mitteleuropäer bewegen sich weniger als tausend Meter am Tag, sind bewegungsarm. Bewegungsarmut lässt den ganzen Körper einrosten. Am deutlichsten schlägt sich ein Leben als »Immobilie« auf den Kreislauf nieder. Die Blutversorgung wird geringer, Fettablagerungen bilden sich in den Arterien und der Energietransport im Körper funktioniert zusehends langsamer.

Auch das Hirn braucht Sauerstoff, bekommt aber immer weniger. Statt geistiger Frische entsteht geistige Schwere. Nicht nur die Leistungsfähigkeit des Gehirns leidet bei Bewegungsmangel, auch die Psyche bekommt einen Knacks.

Der Blutkreislauf transportiert die ihm zugeführten Nährstoffe in jeden noch so entlegenen Winkel des Körpers, auch in die Knochenzellen und in die Gelenkknorpel, die aber, wenn sie schlecht versorgt werden, deutlich an Geschmeidigkeit verlieren und schneller altern.

Es gibt tausend Krankheiten, aber nur eine Gesundheit. Nordic Walking ist der aktive Wellnessbegleiter durchs ganze Jahr; Bewegung ist die lebensverlängernde Maßnahme schlechthin.

Herz und Kreislauf

Das Herz ist die Pumpe des Lebens – 300 bis 500 Gramm reine Lebenskraft, und dabei gerade mal ein halbes Prozent unseres Körpergewichts. Schlag für Schlag versorgt es den Körper mit Blut. Um seine Funktion auszuüben, muss auch das Herz trainieren. Denn es ist ein Muskel wie alle anderen, der sich permanent anspannen und entspannen muss. Bewegung fordert das Herz heraus, die Herzfrequenz steigt, mehr Blut wird durch den Körper gepumpt, der Herzmuskel wird trainiert. Mit der Zeit wird das Herz bewegter Menschen leistungsfähiger und sogar größer, sorgt schließlich für eine bessere Durchblutung. Mitunter fließt jetzt in gleicher Zeit die doppelte Menge Blut durch den Körper. Die Gefahr von Ablagerungen in den Arterien (Verkalkung) sinkt. Das gilt im Besonderen für die Arterien, die den Herzmuskel versorgen. Denn sind diese verstopft, besteht akutes Herzinfarktrisiko. Sind die zum Kopf führenden Arterien verstopft, droht ein Hirninfarkt (Schlaganfall).

Die Möglichkeit, mit Herzfrequenzmesser zu trainieren, ist in Kapitel 1 beschrieben. Nur regelmäßiges und planvolles Training bringt die gewünschten positiven Anpassungen.

Die Venenpumpe

Muskeln benötigen für ihre Bewegung Sauerstoff und regen daher die Durchblutung an. Sie fordern das Herz auf, mehr zu tun, und helfen aktiv beim Sauerstofftransport mit. Denn durch den rhythmischen Wechsel von Anspannung und Entspannung entsteht ein Pumpeffekt im Muskel, der das Herz in seiner Arbeit unterstützt. Beim Öffnen und Schließen der Venenklappen, die einen Rückfluss des Blutes verhindern, spielt diese Muskelaktivität eine entscheidende Rolle. Besonders wichtig ist diese »Venenpumpe« in den Beinen. Der Höhenunterschied, den das Blut zum Herzen überwinden muss, ist hier am höchsten und die Gefahr eines schmerzhaften Blutstaus am größten. Schwere, dicke und schmerzhafte Beine, wie sie jeder von langem Herumstehen kennt, sind die Folge. Auf Dauer ist das nicht gesund. Der Stau bietet Fettablagerungen perfekte Ausgangsvoraussetzungen. Auch dicke Finger, ein Phänomen, das Wanderer nach harten Touren erleben, entstehen durch Passivität der Arm- und Handmuskeln. Die Durchblutung funktioniert dann hervorragend in den Bereichen, die gerade gebraucht werden – in den Passivzonen jedoch nicht. Die Blutversorgung im Körper ist unausgewogen. Bei extremer Bewegungsarmut kann es sogar zu Durchblutungsstörungen im Gehirn kommen. Rekruten kippen bei Gelöbniszeremonien nach ewigem Stillstehen reihenweise um.

Aktive Fußarbeit

Der Vorteil von Nordic Walking besteht darin, dass Muskelpartien aktiviert werden, denen sonst kaum Aufmerksamkeit ge-

schenkt wird. Greifen und Loslassen lässt dicke Finger erst gar nicht entstehen. Die aktive Fußarbeit bewirkt eine ständige Bewegung des Fußes nach oben und unten und verbessert somit den Pumpeffekt für die Venen in den Beinen. Verantwortlich dafür ist die Schienbein- und Wadenmuskulatur. Ein oft schmerzhaftes Anschwellen der Knöchel (oft betrifft es Frauen) bleibt somit aus. Auch in allen anderen Körperpartien, die in der alltäglichen Bewegung vernachlässigt werden, wird die Durchblutung verbessert, und im ganzen Körper wird der Arterienverkalkung vorgebeugt.

Gelenke

Nordic Walking bedeutet funktionelle, positive Belastung für den ganzen Körper. Der wichtigste Aspekt dabei ist die Aufrichtung der Wirbelsäule in eine natürliche funktionelle Position. Allein das Einfinden in eine gesunde Wirbelsäulenstellung während der Nordic-Walking-Einheit ein- bis dreimal die Woche bewirkt dabei schon einen immensen Wohlfühleffekt. Doch was noch viel besser ist: Bei permanenter Ausübung aktiviert der Langzeit-Trainingseffekt die wichtigen Muskeln, die den gesamten Oberkörper und das

TIPP VON ROSI MITTERMAIER

Achten Sie neben Ihrer Bewegung auch darauf, was Sie essen! Denn wer sich abwechslungsreich und ausgewogen ernährt, kann vielen Zivilisationskrankheiten entgegenwirken und z. B. seinen Cholesterinspiegel auf gesundem Niveau halten. Herz, Gefäße und Hirn werden so geschützt. Wesentliche Bestandteile einer herzgesunden Ernährung sind viel Gemüse, Obst, ballaststoffreiche Lebensmittel und solche mit einem hohen Anteil an ungesättigten Fettsäuren. Diese kommen insbesondere in pflanzlichen Ölen (Raps- und Olivenöl) und hochwertigen Margarinen (Becel Diät-Margarinen) sowie in fettreichem Kaltwasserfisch (Lachs, Makrele, Hering) vor. Für eine herzgesunde Ernährung ist nicht nur die Menge, sondern besonders die Qualität der Nahrungsfette entscheidend. Gesättigte Fettsäuren, die besonders in fetten Fleisch- und Wurstwaren sowie im Milchfett enthalten sind, sollten sparsam verzehrt werden. Sie können den Cholesterinspiegel erhöhen. Die lebensnotwendigen mehrfach ungesättigten Fettsäuren Omega-6 und Omega-3 beeinflussen dagegen die Blutfettwerte positiv bzw. verbessern die Fließeigenschaften des Blutes und schützen so täglich Ihren Kreislauf.

Becken wie ein Korsett in seiner natürlichen Position stützen.
Doch nicht nur die Wirbelsäule erfährt eine deutliche Entlastung. Durch den richtigen Einsatz der Stöcke entsteht ein spürbarer Stützeffekt. Bei gutem Timing (Stockeinsatz einen Bruchteil vor dem Aufsetzen des Fußes) und Einstich der Stockspitze exakt unterhalb des Körperschwerpunkts werden die Gelenke beim Gehen wirksam und funktionell belastet. Denn wir wissen: Gelenke und Knorpel brauchen Belastung, allerdings eine sanfte. Verschleißerscheinungen wird somit frühzeitig vorgebeugt. Zudem bewegt sich der Körperschwerpunkt beim Nordic Walking auf immer gleicher Höhe. Kein Auf und Ab, das beispielsweise beim Jogging die Gelenke je nach Intensität mit dem Drei- bis Fünffachen des Körpergewichts belastet.

Gesunde Belastung für die Knorpel

Knorpel sind keine statischen Gebilde, die sich einmal aufgebaut haben und sich dann mit der Zeit abnutzen, sondern dynamische Organe, die Nährstoffe brauchen, um zu funktionieren, so wie alle anderen Organe des Körpers auch. Bewegung hilft dabei, die Knorpel mit den für ihre Gesundheit wichtigen Stoffen zu versorgen, aber auch abgelagerte Stoffwechselschlacken, die ihre Funktion behindern können, abzutransportieren. Jeder Knorpel benötigt für ein bewegtes, gesundes Leben einen ständigen Wechsel von funktioneller Ent- und Belastung.
Wie wichtig Bewegung ist, zeigt sich an der Verbreitung von Gelenkerkrankungen. Bandscheiben-, Hüft- oder Knieprobleme sind Zivilisationsleiden. Die Versorgung der

Bandscheiben, der Knorpelstruktur im Hüftgelenk sowie des Knieknorpels mit Nährstoffen ist unerlässlich, denn deren natürlicher Erhalt bedeutet Mobilität bis ins hohe Alter. Nordic Walking ist dafür das richtige Rezept. Zum einen sind die Bewegungen sanft, das heißt nicht von gelenkbelastenden Schlägen gekennzeichnet, zum anderen werden alle Gelenke in Bewegung gebracht.

Problemzone Bandscheiben

Am deutlichsten wird dies am Beispiel der Bandscheiben, die bei vielen Menschen durch einseitige und statische Fehlbelastungen starke Abnutzungserscheinungen aufweisen. Beim Nordic Walking befindet sich die Wirbelsäule jedoch in ihrer natürlichen, aufrechten Position. Die sanfte Rotation der Schulter gegen die Hüfte hält die Bandscheiben in Schwung. Wie ein Schwamm werden diese durch sanfte Bewegung »durchtränkt« und ernährt und bleiben geschmeidig.

Die Gelenkschmiere, eine Gallertmasse, ist das »Getriebeöl« der Gelenke, und Bewegung hilft, es gleichmäßig zu verteilen. Bewegte und gut geschmierte Gelenke bleiben länger gesund, Arthrose wird damit vorgebeugt. Ein probates Mittel, den Bewegungsspielraum der Gelenke zu erhalten oder auch zu erhöhen, sind Mobilisierungsübungen, die zu jeder Nordic-Walking-Trainingseinheit gehören.

Knochen

Jeder Knochen ist ein dynamisches Organ mit hoher Durchblutung und Stoffwechselaktivität. Bei guter Durchblutung funktioniert die Versorgung der Knochenzellen mit lebenswichtigen Nährstoffen. Ein wichtiger Bestandteil des Skeletts, der über die Nahrung aufgenommen und im Blut transportiert wird, ist Kalzium. Die Knochen aufbauenden Zellen benötigen Kalzium und andere Bausteine für ihre Arbeit. Der Knochen ist eine ständige Baustelle. Nur wenn diese in ausreichendem Maße mit Material beliefert wird, funktioniert der Knochenaufbau reibungslos. Ist die Versorgung unterbrochen, besteht die Gefahr des schnellen Knochenschwundes oder es kommt zu Deformierungen. Denn abbauende Zellen entziehen dem Knochen permanent Substanz. Bei gesunden Menschen jedoch befinden sich Knochenaufbau- und -abbauprozesse nahezu in einem Gleichgewicht.

Bewegung gegen Knochenabbau

Wenn auch mit zunehmendem Alter die Knochendichte stetig abnimmt, so ist die Alterung des Knochens durch eine gesunde Ernährung in Verbindung mit Bewegung zwar nicht ganz aufzuhalten, aber doch entscheidend zu verlangsamen. Körperliche Aktivität fordert die Knochen heraus, indem die Muskeln immer wieder eine Zugbelastung auf das Skelett ausüben: eine permanente Aufforderung an die Zellen, an einer kompakten Knochenstruktur zu arbeiten. Ein stabiles Muskelkorsett ist zusätzlich in der Lage, Druck entgegenzuwirken.

Besonders wichtig für ein gesundes Knochenleben ist dabei der Aufbau einer hohen Knochendichte bereits in jungen Jahren. So kann durch viel Bewegung und richtige Ernährung bereits im Kindesalter eine dickes »Knochenkonto« angelegt werden, an dem der natürliche Alterungsprozess zwar Jahr für Jahr zehren wird, das in einem bewegten Leben aber nicht leer geräumt wird.

Volkskrankheit Osteoporose

Wenn aber die degenerativen Zellen dem Knochen mehr Substanz rauben, als die konstruktiven Zellen in der Lage sind wieder aufzubauen, liegt das Krankheitsbild der Osteoporose vor. In Deutschland leiden bereits über fünf Millionen Menschen an diesem Knochenschwund, von der Weltgesundheitsorganisation wurde die Osteoporose in die Liste der weltweit zehn bedeutendsten Krankheiten aufgenommen. Besonders Frauen haben mit Osteoporose zu kämpfen, denn ungefähr ab dem 50. Lebensjahr, wenn nach der Menopause der Östrogenspiegel abfällt, setzt der Knochenschwund in verstärktem Maße ein. In Deutschland leidet jeder fünfte Mann, aber jede dritte Frau an Osteoporose. Hauptursachen sind der Alterungsprozess des Knochens, Mangelernährung sowie Bewegungsmangel.

Beim Nordic Walking kommt eine Vielzahl von Muskeln zum Einsatz. Das fördert die Durchblutung und die Versorgung der Knochenzellen mit Nährstoffen. Neun von zehn arbeitenden Muskeln fordern das gesamte menschliche Skelett, das mit dem Aufbau kompakter und fester Knochenstrukturen auf permanente Belastungsreize antwortet. Nordic Walking belastet funktionell zudem durch die Stützfunktion der Stöcke das gesamte Skelett und ist dadurch auch als Bewegungsform für Osteoporosepatienten geeignet. Der Fortgang der Erkrankung ist zwar nicht aufzuhalten, jedoch durch gesunde Bewegung in jeder Phase zu verlangsamen.

Stoffwechsel

Die Frage nach dem richtigen Fettstoffwechseltraining kann relativ einfach und schnell beantwortet werden, wenn man sich vor Augen führt, wann Fette verbrannt werden. Der Fettspeicher ist, wie die Abbildung zeigt, der größte und wichtigste Energiespeicher des menschlichen Organismus.
Freie Fettsäuren werden immer und ständig verbrannt, solange man sich nicht zu schnell oder zu intensiv bewegt. Denn dann greift der Organismus statt auf die Fettdepots auf die schneller verfügbaren Kohlenhydrate zurück.

Zu viele Nahrungsfette

Die Nahrungsfette erfüllen unterschiedliche Aufgaben im Körper. Fettbausteine sind zum größten Teil lebensnotwendig. Sowohl das Cholesterin als auch die Fettsäuren sind zur Energiegewinnung und für den Ablauf notwendiger Stoffwechselprozesse unentbehrlich. Kommt es aber zu einem regelmäßigen Überangebot, so steigen die Blutfette und es kommt zu vermehrtem Speicherfett im Unterhautfettgewebe und in den Organen. Die Ursachen vieler Zivilisationskrankheiten sind auf den Überschuss von (schlechten) Fetten in unserer Ernährung zurückzuführen.

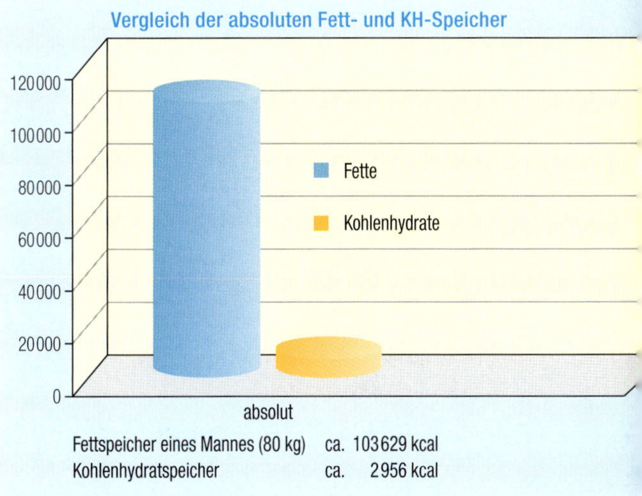

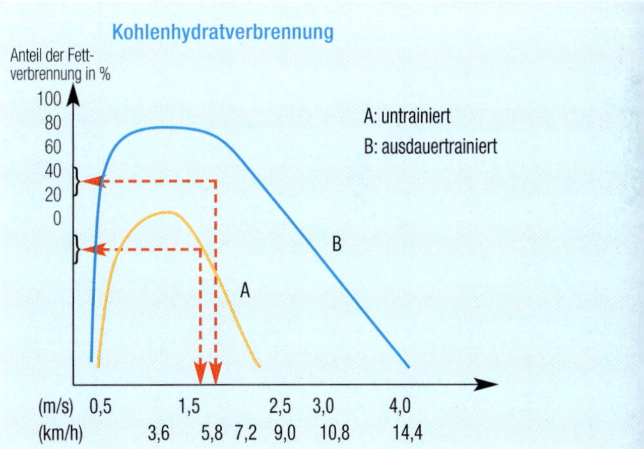

Das muss aber nicht sein. Wenn Ihre Lungen, Ihr Herz-Kreislauf-System und Ihre Kraftzellen in der Muskulatur (Mitochondrien) durch regelmäßige Bewegung wieder gelernt haben zu arbeiten, zu funktionieren und sich zu vermehren, wird im Körper auch in Ruhe wieder mehr Fett verbrannt. Solange dem Muskel während der Bewegung genügend Sauerstoff zur Verfügung steht, wird die Fettverbrennung niemals stoppen. Für den Fettstoffwechsel gilt bez. der Intensität das berühmte Sprichwort: weniger ist oft mehr. Nordic walken Sie in einem für Sie angenehmen Tempo und dafür etwas länger als Ihre hechelnden Kollegen ohne Stöcke. Ein ausdauertrainierter Nordic Walker trainiert auch bei höherer Geschwindigkeit und Intensität noch seinen Fettstoffwechsel.

Atmung

Jeder eingesetzte Muskel verlangt nach mehr Sauerstoff. Das Herz reagiert mit einer schnelleren Herzfrequenz, um den erhöhten Bedarf an roten Blutkörperchen zu decken. Die Blutgefäße weiten sich, um dem Blutstrom weniger Widerstand zu bieten und einen schnelleren Sauerstofftransport zu den Zellen zu gewährleisten.

Die Sauerstoffaufnahme erfolgt in den Lungen. Die Lunge reagiert wie alle anderen Organsysteme bei Nichtgebrauch mit einer Stilllegung nicht benötigter Areale. Diese so genannten Toträume können aber nach zwei bis drei Monaten regelmäßigen moderaten Nordic Walkings wieder voll einsatzfähig sein, und das Lungenvolumen kann sich dabei um bis zu 20 Prozent vergrößern. Die Muskulatur, die das Atmen reguliert, wird ebenfalls leistungsfähiger, und Sie bekommen einfach mehr Luft.

Muskeln

»Vor Kraft strotzen«, kaum eine Redewendung drückt mehr Vitalität aus. Der Mensch braucht Kraft, um sich zu bewegen, um die alltäglichen Dinge zu verrichten. Das Hieven eines Getränkekastens ins Auto ist ein simples Beispiel. Doch ist ein kräftiger Mensch auch immer ein gesunder? Nicht zwingend. Viele körperlich arbeitende Menschen verfügen über große Kraft, klagen aber über »Kreuzschmerzen«. Der Grund für die Schmerzen sind einseitige Fehlbelastungen; eine einseitige Fehlkräftigung ist oft die Folge gleichförmiger und schwerer körperlicher Arbeit.

Ein natürliches Stützkorsett

Nordic Walking wird helfen, diese Dysbalancen auszugleichen. Denn dabei werden neunzig Prozent der Muskeln des Körpers aktiviert und trainiert. Die Beanspruchung beim Nordic Walking, vor allem die der rückführenden Muskulatur, ist dabei durch den Einsatz der Stöcke sehr ausgewogen. Einen herausragenden gesundheitlichen Aspekt hat die Kräftigung der Rumpfmuskulatur, die ein Aufrichten der Wirbelsäule bewirkt und diese in einem natürlichen Stützkorsett in einer gesunden Position hält.

Das natürliche Muskelkorsett ist dabei nicht eng geschnürt, sondern lässt genügend Platz zum Atmen, denn der Aufbau der Muskulatur erfolgt beim Nordic Walking in keiner Phase statisch. Die natürliche Rotation der Schulter gegen das Becken sorgt dafür, dass die Muskeln beim Training nicht verspannen oder sich verkürzen. Stabilisierung bei gleichzeitiger Mobilisierung heißt die entscheidende Formel.

Nordic Walking ist gerade deshalb auch der perfekte Ausgleich für Leistungssportler, die zwar zum einen über eine enorme Dynamik verfügen, zum anderen aber ihren Körper sehr intensiv und zum Teil sehr unausgewogen belasten, wie z.B. Tennisspieler.

Somit ist aber Nordic Walking auch das Richtige für Menschen, die einfach Kraft tanken wollen. Bei regelmäßigem Training nimmt die Muskelmasse relativ zum Körpergewicht zu. Bei gleichzeitiger Fettverbrennung wird der Mensch aber nicht schwerer. Gezieltes Training zur Fettverbrennung kann sogar eine Reduktion des Körpergewichts bedeuten – bei steigender Kraft. Für weniger Körpergewicht steht schließlich mehr Power zur Verfügung. Je mehr Muskelmasse der Körper aufweist, desto höher ist auch der Energieumsatz im Ruhezustand. Das heißt: auch nach der Bewegung verbrennt der Körper noch Fett. Je mehr Muskelaufbau, desto mehr Fettabbau – Training ist die beste Diät.

Muskelentspannung und geistige Frische

Durch den rhythmischen Wechsel von Anspannung und Entspannung wird auch der so genannte »Tonus«, der Spannungszustand des Muskels, gesenkt. Der Muskel wird geschmeidig, die Gefahr von Verletzungen gesenkt. Der Entspannungseffekt ist immens. Besonders im Nacken- und Schulterbereich spielt Nordic Walking sein Entspannungspotenzial voll aus. Da sich Verspannungen vielfach in Kopfschmerzen äußern, ist auch geistige Frische ein positiver Aspekt der Bewegung.

Zu mobilen Gelenken gehören aber auch geschmeidige Muskeln. Verspannte und verkürzt-orientierungslose Muskeln bedeuten eingeschränkte Bewegungsspielräume, was

zum Einrosten der Gelenke in bestimmten Positionen führt. Gezielte Dehnübungen sind eine sinnvolle Trainingsergänzung und helfen, diese Mobilität zu erhalten und zu verbessern. Sie gehören zum Nordic Walking dazu wie die Stöcke und die Schuhe.

Abwehrkräfte

Nordic Walking geht an 365 Tagen im Jahr. Die Bewegung an der frischen Luft in allen vier Jahreszeiten stärkt das Immunsystem. Wind und Sonne, Regen und Schnee, Kälte und Wärme, Nässe und Trockenheit – der Körper braucht diese natürlichen Reize, um sich darauf einzustellen. Wer Schnee und Regen gezielt aus dem Weg geht, der verträgt diese Umweltbedingungen irgendwann nicht mehr, erkältet sich eher, wenn er mal nass wird. Stubenhocker tun ihrem Immunsystem nichts Gutes.

Im Gras, im Wasser und im Schnee

Deshalb: Keine Angst davor haben, barfuß auf einer Wiese zu gehen, am Strand, im Wasser oder sogar im Schnee. Die Bewegung versorgt den Körper mit genügend Wärme, mit so viel Energie, dass er nicht frieren muss. Das Gehirn muss lernen, auf solche Empfindungen nicht gleich mit Panik zu reagieren und den Impuls zum Tragen von Wollsocken zu geben. Der intensive Kontakt mit der Natur schadet nicht, sondern härtet ab.

Eine Entzündung wird simuliert

Doch auch die Bewegung selbst setzt die Immunabwehr in Gang. Die Beanspruchung der Muskeln führt zu einer Art simulierter »Entzündungsreaktion« in den Muskelfasern, die immer wieder die Immunabwehr fordert. Trainiert der Mensch, so trainieren auch seine körpereigenen Killerzellen, die im Kampf gegen Viren und Bakterien mit der Zeit immer erfolgreicher werden. Mediziner haben weiterhin festgestellt, dass auch die Zahl der Fresszellen, der natürlichen »Müllabfuhr« des Körpers, steigt. Durch Bewegung tritt eine messbare Verbesserung der Abwehr ein.

Das Training nicht übertreiben

Doch Vorsicht – bei Überbeanspruchung kann die Wahrscheinlichkeit, zu erkranken, steigen. Wer sich überfordert, der schwächt sein Immunsystem, ein Problem, mit dem Leistungssportler bisweilen zu kämpfen haben. Während nämlich das Immunsystem mit vielen »Entzündungsreaktionen« im Muskel zu kämpfen hat, öffnen sich Viren im Rachen Tür und Tor. Wer mehr als 40 Kilometer in der Woche läuft, den kann dieses Problem – Wissenschaftler nennen es »Open Window« – beschäftigen.

TIPP VON CHRISTIAN NEUREUTHER

Ernährung und Bewegung gehören zusammen. Fünf Portionen Obst und Gemüse sollten täglich nach Empfehlung der Deutschen Gesellschaft für Ernährung verzehrt werden. Frisches Obst, knackiges Gemüse und Hülsenfrüchte sind reich an Vitaminen und Mineralstoffen. Aufgrund ihres Ballaststoffgehaltes können sie sich positiv auf den Cholesterinspiegel auswirken.
Hochwirksame Pflanzenstoffe kommen von Natur aus in geringen Mengen in Nüssen und Sonnenblumenkernen vor. Lebensmittel wie Margarine, Milchgetränk und Joghurtdrinks von Becel pro·activ enthalten solche pflanzlichen Wirkstoffe und können so den Cholesterinspiegel aktiv senken.

Geistige Frische und stabile Psyche

Nordic Walking ist »Brain-Gym«, Hirngymnastik. Bewegung hilft dem Gehirn auf die Sprünge, denn die Schaltzentrale braucht Sauerstoff, um zu funktionieren. Mehr Sauerstoff fürs Gehirn bedeutet auch mehr Aktivität der Zellen. Bewegte Menschen verpassen ihrem Hirn die doppelte Dosis. Die Konzentrationsfähigkeit steigt, die Leistungsbereitschaft wird verbessert. Das Hirn arbeitet länger auf hohem Niveau, die Lernfähigkeit wird verbessert. Der bewegte Mensch wird später müde.

Nordic Walking ist Hirngymnastik

Im aktiven Gehirn bilden sich vermehrt neuronale Verknüpfungen, Datenautobahnen in der Schaltzentrale, die Rechenleistung und Speicherkapazität des körpereigenen Computers bestimmen. Nordic Walking bewirkt hier durch seine spezielle Technik besondere Effekte. Für die Kreuzkoordination – z. B. rechter Arm und linkes Bein vorn – muss die rechte (kreative, emotionale) mit der linken (logischen, rationalen) Gehirnhälfte kommunizieren. Die Rotation Schulter gegen Becken beim Nordic Walking führt zur

Kreuzung unserer beiden Körperhälften – diese beginnen miteinander zu kommunizieren und nähern sich Schritt für Schritt an, sodass sie bald im Einklang miteinander sind. Je mehr koordinative Aufgaben dieser Art wir zu lösen haben, desto mehr Datenleitungen bilden sich zwischen den beiden Hirnhälften. Bei Musikern sind diese besonders ausgeprägt. Die Kreuzkoordination erhöht die Kreativität.

Das Selbstwertgefühl steigern

Bewegung hat zudem viele positive Effekte auf die Psyche. Alleine das Aufrichten des Oberkörpers erhöht schon das Selbstwertgefühl. Den Blick nach vorn richten – zu Nordic Walking gehört diese positive Einstellung dazu. Die Erweiterung des Blickwinkels und somit das Wahrnehmen der Umgebung lässt uns positiver nach vorn schauen – wir sehen ja nun, was auf uns zukommt.

Und: Nordic Walking macht attraktiv. Ein aufgerichteter Mensch wirkt auf die Umwelt attraktiver und »aufrichtiger«. Bewegung ist ein Ventil für Probleme, hilft, die Belastungen des Alltags hinter sich zu lassen. Bewegung baut Stresshormone ab, senkt das Level dieser »nervenden Moleküle« auf ein verträgliches Level.

Aufrichtige Menschen mit viel Humor

Nordic Walking ist in der Gruppe am schönsten, das Training erfolgt bei einer Intensität, die Gespräche leicht zulässt. Gespräche können eine Quelle für Ideen sein, Reden über Probleme hilft, diese zu verarbeiten, Reden über Banales hilft beim Abschalten. Witze bringen Menschen zum Lachen. Wenn auch die Lachmuskeln aktiviert werden, dann ist der Entspannungseffekt des Nordic Walking unbeschreiblich.

Danksagung

Ein besonderer Dank gilt den Ausbilderkollegen im DNV und dem Team von Willsmountain, die uns beim Entstehen dieses Buches mit Rat und Tat stets unterstützt haben.

Bei der biomechanischen Absicherung der Technik und bei der Weiterentwicklung der Methodik im Hinblick auf das differenzielle Lernen war das Institut für Sportwissenschaft an der Johannes-Gutenberg-Universität Mainz maßgeblich beteiligt. Hier standen uns Dr. Ronald Burger und Friedemann Ott zur Seite.

Für weitere Studien, Ergebnisse und inhaltliche Beiträge zu diesem Buch sorgte Eberhard Schlömmer, Ausbilderkollege und Diplomsportwissenschaftler.

Antje Strehler als Physiotherapeutin begleitete liebevoll das Fotoshooting und segnete die im Buch gemachten Aussagen und die beschriebenen Nordic-Walking-Techniken aus medizinischer und physiotherapeutischer Sicht ab.

Ebenfalls möchten wir uns bei allen Industrie- und Gesundheitspartnern bedanken, die uns und unsere Idee seit Jahren unterstützen und fördern.

Marc Schneider, ein guter Freund und Redakteur, hat sich mit vielen Textstellen hier verewigt. Ihm ein herzliches Dankeschön für die Geduld beim Formulieren der Texte.

Zuletzt kann solch ein Buch nur aus der Erfahrung mit vielen Kursen und Ausbildungen entstehen. Hier ein herzliches Dankeschön an all unsere Kursteilnehmer und Kunden, die uns die Treue gehalten haben und weiterhin halten.

Literatur

Nähere Informationen über Kurse und Ausbildungen

WILL'S MOUNTAIN
SEMINARE AUSBILDUNGEN KONZEPTE

Andreas Wilhelm
DNV-Ausbildungsinstitut
Kaiser-Wilhelm-Straße 2
D-82319 Starnberg
Tel.: +0049 (0) 8151/971655
Fax: +0049 (0) 8151/971656
info@dnv-ausbildung.de
www.willsmountain.de
www.dnv-ausbildung.de

Weitere nützliche Adressen

Deutscher Nordic Walking und Nordic Inline Verband e. V. (DNV)
Schlossstraße 2a
D-55543 Bad Kreuznach
Tel.: +49 (0) 700 6 67 34 23 48
Fax: +49 (0) 671 6 90 69
office@dnv-online.de
www.dnv-online.de

Swiss Nordic Fitness Organisation (SNO)
Chaunt da Luf 94
CH-7524 Zuoz
Tel.: +41 (0) 81 850 15 10
Fax: +41 (0) 81 850 15 11
info@swissnordicfitness.info
www.swissnordicfitness.info

Nordic Fitness Institute Benelux (NFIB)
Nancy Scheyltjens
Hazepad 4
B-2350 Vosselaar
Tel.: u. Fax: +32 (0) 14 61 98 63
nancy.scheyltjens@skynet.be
www.body-entertrainment.com

Associazione Nordic Fitness Italiana (A.N.I.)
Thommy Schoepf
Via Leopardi 49
I-39012 Merano
Tel.: +39 (0) 347 235 05 06
info@nordicwalking.it
www.nordicwalking.it

Weitere nationale und internationale Adressen und Kontakte

International Nordic Fitness Organisation (INFO)
www.nordicfitness.net

Informationen zu Ernährung und Zellenergiekonzept
Nordicfit GBR
Kapellenstraße 15
D-66649 Oberthal
Tel.: +49 (0) 6854 80 25 10
info@nordic-fitline.de
www.nordic-fitline.de

Tipps zum Weiterlesen

K. Bös:
Fitness testen und trainieren.
München 1996

R. Burger / F. Ott / C. Schmidthüsen:
Differenzielles Lernen – Ein alternativer Lehransatz in der Snowboardausbildung.
In: G. Schoder (Red.): Skilauf und Snowboard in Lehre und Forschung 14. Hamburg 2003, S. 39–58

H. Liesen / M. Baum:
Sport und Immunsystem.
Stuttgart 1997

R. Mittermaier / C. Neureuther:
Nordic Walking.
München 2004

Register

Impressum

Bibliografische Information: Die Deutsche Bibliothek
Die Deutsche Bibliothek verzeichnet diese Publikation in der Deutschen Nationalbibliografie; detaillierte bibliografische Daten sind im Internet über http://dnb.ddb.de abrufbar.

Wichtiger Hinweis:
Die im Buch veröffentlichten Ratschläge wurden von Verfassern und Verlag sorgfältig erarbeitet und geprüft. Eine Garantie kann dennoch nicht übernommen werden. Ebenso ist die Haftung der Verfasser bzw. des Verlages und seiner Beauftragten für Personen-, Sach- und Vermögensschäden ausgeschlossen.

Bildnachweis:
Alle Bildmotive stammen von Norbert Hellinger, München, mit Ausnahme von:
74 (Christian Neureuther); 78, 79, 80, 83, 113, 115, 119, 122, 123 (Andreas Wilhelm).

Ein Dankeschön an
Venice Beach (www.venice-beach.com), für die kostenlose Bereitstellung der Sportkleidung.

Projektleitung: Bettina Huber
Redaktion: Dr. Rainer Schöttle Verlagsservice, Neufinsing
Bildredaktion: Sylvie Busche (Ltg.), Margit Schulzke
Umschlagkonzeption: Dorothee Griesbeck
Layout: Dorothee Griesbeck, Die Buchmacher, München
Herstellung: Veronika Preisler
Satz und DTP: Gaby Herbrecht
Reproduktion: Repro Ludwig, A-Zell am See
Druck und Bindung:
Offizin Andersen Nexö, Leipzig

Printed in Germany

Gedruckt auf umweltfreundlich chlorfrei gebleichtem Papier.

ISBN-13: 978-3-426-64341-9
ISBN-10: 3-426-64341-3

5 4 3 2 1

Liebe Nordic Walking-Fans,

wer Nordic Walking liebt, betreibt diesen Fit-Spaß auch im Urlaub. Oder im Rahmen eines Wochenend-Trips. Der Deutsche Nordic Walking Verband DNV bietet Anfängern und Fortgeschrittenen wunderbare Parks in Deutschland zum Üben und Bewegen an.
Lassen Sie sich inspirieren und laufen Sie los!

Ihre Rosi Mittermaier
Ihr Christian Neureuther und Andreas Wilhelm

DNV Lizenzierte Nordic Walking Parks in Deutschland

NORDIC.FITNESS.PARK® Holsteinische Schweiz
Tourismus-Service Malente
Bahnhofstrasse 3
D-23714 Bad Malente-Gremsmuehlen
Tel.: 04523/9899-0; Fax: 04523/9899-99
E-Mail: nordic@bad-malente.de
Internet: www.bad-malente.de

Nordic Fitness Park Stadt Glücksburg (Ostsee)
Rathausstraße 2
D-24960 Glücksburg
Tel.: 04631/450; Fax: 04631/45177
E-Mail: info@gluecksburg.de
Internet: www.gluecksburg.de

NATURE.FITNESS.PARK® Dömitz-Malliß
Amt Dömitz-Malliss
Frau Annerose Schult
Goethestrasse 21
D-19303 Dömitz
Tel.: 038758/31640;
Fax: 038758/31655
E-Mail: amt@doemitz-malliss.de
Internet: www.doemitz-malliss.de

Nordic Fitness Park Blankenburg (Harz)
HARZ, in der Blütenstadt Blankenburg
Gesund älter werden im Harz e.V.
Schlossberg 2
D-38889 Blankenburg (Harz)
Tel.: 03944/9547706; Fax: 03944/943444
E-Mail: info@gesund-im-harz.de
Internet: www.gesund-im-harz.de

Nordic Fitness Park Südliches Emsland-Saller See
Touristikverein Freren – Lengerich – Spelle
Hedwig Thele
Mühlenstraße 39
D-49832 Freren
Tel.: 05902/940800; Fax: 05902/940802
E-Mail: info@touristikverein-fls.de
Internet: www.touristikverein-fls.de

Nordic.Fitness.Park Nieheim
Tourismus- und Kulturamt Stadt Nieheim
Strasse: Lehmkuhle, Haus des Gastes
D-33039 Nieheim
Tel.: 05274/8304; Fax: 05274/8762
E-Mail: vvnieheim@aol.com
Internet: www.tourismusbuero-nieheim.de

Nordic.Fitness.Park Arnsberg
Verkehrsverein Arnsberg e.V.
Neumarkt 6
D-59821 Arnsberg
Tel.: 02931/4055; Fax: 02931/12331
E-Mail: vv-arnsberg@t-online.de
Internet: www.arnsberg-info.de

NATURE.FITNESS.PARK® Vogelsberg
Gesellschaft für Tourismus und Stadtmarketing
Schotten mbH & Co. KG (GTS)
Vogelsbergstraße 137a
D-63679 Schotten
Tel.: 06044/6680; Fax: 06044/6679
E-Mail: tourist-info@schotten.de
Internet: www.schotten.de

VITALPARK Thüringer Wald
Eisfelder Str. 26
D-98724 Neuhaus am Rennweg
Tel.: 03679/774200; Fax: 03679/774100
E-Mail: info@vp-tw.de
Internet: www.vitalpark-thueringen.de

NORDIC.FITNESS.PARK Baiersbronn
Baiersbronn Touristik
Rosenplatz 3
D-72270 Baiersbronn
Tel.: 07442/8414-0; Fax: 07442/8414-48
E-Mail: info@baiersbronn.de
Internet: www.baiersbronn.de